TRANZLATY

Language is for everyone

زبان سب کے لیے ہے۔

The Little Mermaid

چھوٹی مرمیڈ

Hans Christian Andersen

ہنس کرسچن اینڈرسن

English / اردو

Copyright © 2023 Tranzlaty
All rights reserved.
Published by Tranzlaty
ISBN: 978-1-83566-956-3
Original text by Hans Christian Andersen
Den Lille Havfrue
First published in Danish in 1837
www.tranzlaty.com

The Sea King's Palace
سمندری بادشاہ کا محل

Far out in the ocean, where the water is blue
سمندر میں بہت دور، جہاں پانی نیلا ہے۔
here the water is as blue as the prettiest cornflower
یہاں پانی سب سے خوبصورت کارن فلاور کی طرح نیلا ہے۔
and the water is as clear as the purest crystal
اور پانی خالص ترین کرسٹل کی طرح صاف ہے۔
this water, far out in the ocean is very, very deep
یہ پانی، سمندر میں بہت دور ہے، بہت گہرا ہے۔
water so deep, indeed, that no cable could reach the bottom
پانی اتنا گہرا ہے، واقعی، کوئی کیبل نیچے تک نہیں پہنچ سکتی
you could pile many church steeples upon each other
آپ ایک دوسرے پر بہت سے گرجا گھر کے ڈھیر لگا سکتے ہیں۔
but all the churches could not reach the surface of the water
لیکن تمام گرجا گھر پانی کی سطح تک نہیں پہنچ سکے۔
There dwell the Sea King and his subjects
وہاں سی کنگ اور اس کی رعایا رہتے ہیں۔
you might think it is just bare yellow sand at the bottom
آپ کو لگتا ہے کہ یہ صرف نیچے کی ننگی پیلی ریت ہے۔
but we must not imagine that there is nothing there
لیکن ہمیں یہ تصور نہیں کرنا چاہیے کہ وہاں کچھ بھی نہیں ہے۔
on this sand grow the strangest flowers and plants
اس ریت پر عجیب و غریب پھول اور پودے اگتے ہیں۔
and you can't imagine how pliant the leaves and stems are
اور آپ سوچ بھی نہیں سکتے کہ پتے اور تنے کتنے نرم ہیں۔
the slightest agitation of the water causes the leaves to stir
پانی کی ہلکی سی حرکت پتے کو ہلانے کا سبب بنتی ہے۔
it is as if each leaf had a life of its own
گویا ہر پتے کی اپنی زندگی ہے۔
Fishes, both large and small, glide between the branches
مچھلیاں، بڑی اور چھوٹی دونوں شاخوں کے درمیان سرکتی ہیں۔
just like when birds fly among the trees here upon land
جیسے یہاں زمین پر درختوں کے درمیان پرندے اڑتے ہیں۔

In the deepest spot of all stands a beautiful castle
سب سے گہری جگہ میں ایک خوبصورت قلعہ کھڑا ہے۔

this beautiful castle is the castle of the Sea King
یہ خوبصورت قلعہ سی کنگ کا قلعہ ہے۔

the walls of the castle are built of coral
محل کی دیواریں مرجان سے بنی ہیں۔

and the long Gothic windows are of the clearest amber
اور لمبی گوتھک کھڑکیاں صاف ترین عنبر کی ہیں۔

The roof of the castle is formed of sea shells
قلعے کی چھت سمندری گولوں سے بنی ہے۔

and the shells open and close as the water flows over them
اور گولے کھلتے اور بند ہوتے ہیں جیسے ہی پانی ان پر بہتا ہے۔

Their appearance is more beautiful than can be described
ان کی ظاہری شکل اس سے کہیں زیادہ خوبصورت ہے جس کو بیان نہیں کیا جا سکتا

within each shell there lies a glittering pearl
ہر خول کے اندر ایک چمکتا ہوا موتی ہے۔

and each pearl would be fit for the diadem of a queen
اور ہر موتی ملکہ کے ڈائڈیم کے لیے موزوں ہو گا۔

The Sea King had been a widower for many years
سی کنگ کئی سالوں سے بیوہ تھا۔

and his aged mother looked after the household for him
اور اس کی بوڑھی ماں اس کے گھر کی دیکھ بھال کرتی تھی۔

She was a very sensible woman
وہ بہت سمجھدار خاتون تھیں۔

but she was exceedingly proud of her royal birth
لیکن اسے اپنی شاہی پیدائش پر بے حد فخر تھا۔

and on that account she wore twelve oysters on her tail
اور اس وجہ سے اس نے اپنی دم پر بارہ سیپ پہن رکھے تھے۔

others of high rank were only allowed to wear six oysters
اعلیٰ عہدے کے دیگر افراد کو صرف چھ سیپ پہننے کی اجازت تھی۔

She was, however, deserving of very great praise
تاہم، وہ بہت زیادہ تعریف کی مستحق تھی۔

there was something she especially deserved praise for

کچھ ایسی چیز تھی جس کے لیے وہ خاص طور پر تعریف کی مستحق تھی۔

she took great care of the little sea princesses
اس نے چھوٹی سمندری شہزادیوں کا بہت خیال رکھا

she had six granddaughters that she loved
اس کی چھ پوتیاں تھیں جن سے وہ پیار کرتی تھی۔

all the sea princesses were beautiful children
تمام سمندری شہزادیاں خوبصورت بچے تھے۔

but the youngest sea princess was the prettiest of them
لیکن سب سے چھوٹی سمندری شہزادی ان میں سب سے خوبصورت تھی۔

Her skin was as clear and delicate as a rose leaf
اس کی جلد گلاب کی پتی کی طرح صاف اور نازک تھی۔

and her eyes were as blue as the deepest sea
اور اس کی آنکھیں گہرے سمندر کی طرح نیلی تھیں۔

but, like all the others, she had no feet
لیکن، دوسروں کی طرح، اس کے پاؤں نہیں تھے۔

and at the end of her body was a fish's tail
اور اس کے جسم کے آخر میں مچھلی کی دم تھی۔

All day long they played in the great halls of the castle
سارا دن وہ محل کے بڑے ہالوں میں کھیلتے رہے۔

out of the walls of the castle grew beautiful flowers
محل کی دیواروں سے خوبصورت پھول اُگے۔

and she loved to play among the living flowers
اور وہ زندہ پھولوں کے درمیان کھیلنا پسند کرتی تھی۔

The large amber windows were open, and the fish swam in
عنبر کی بڑی کھڑکیاں کھلی ہوئی تھیں اور مچھلیاں تیر رہی تھیں۔

it is just like when we leave the windows open
یہ بالکل ایسا ہی ہے جب ہم کھڑکیاں کھلی چھوڑ دیتے ہیں۔

and then the pretty swallows fly into our houses
اور پھر خوبصورت نگلیں ہمارے گھروں میں اڑتی ہیں۔

only the fishes swam up to the princesses
صرف مچھلیاں تیر کر شہزادیوں تک پہنچیں۔

they were the only ones that ate out of her hands
وہ صرف وہی تھے جنہوں نے اس کے ہاتھ سے کھایا

and they allowed themselves to be stroked by her
اور انہوں نے خود کو اس کی طرف سے مارنے کی اجازت دی

Outside the castle there was a beautiful garden
قلعے کے باہر ایک خوبصورت باغ تھا۔

in the garden grew bright-red and dark-blue flowers
باغ میں روشن سرخ اور گہرے نیلے رنگ کے پھول اگے۔

and there grew blossoms like flames of fire
اور آگ کے شعلوں کی طرح پھول نکلے۔

the fruit on the plants glittered like gold
پودوں کے پھل سونے کی طرح چمک رہے تھے۔

and the leaves and stems continually waved to and fro
اور پتے اور تنے مسلسل ادھر ادھر لہراتے رہتے ہیں۔

The earth on the ground was the finest sand
زمین پر زمین بہترین ریت تھی۔

but this sand does not have the colour of the sand we know
لیکن اس ریت کا وہ رنگ نہیں ہے جو ہم جانتے ہیں۔

this sand is as blue as the flame of burning sulphur
یہ ریت سلفر کے شعلے کی طرح نیلی ہے۔

Over everything lay a peculiar blue radiance
ہر چیز پر ایک عجیب نیلی چمک بچھی ہوئی ہے۔

it is as if the blue sky were everywhere
ایسا لگتا ہے جیسے ہر طرف نیلا آسمان ہی تھا۔

the blue of the sky was above and below
آسمان کا نیلا اوپر اور نیچے تھا۔

In calm weather the sun could be seen
پرسکون موسم میں سورج کو دیکھا جا سکتا تھا۔

from here the sun looked like a reddish-purple flower
یہاں سے سورج سرخی مائل جامنی رنگ کے پھول کی طرح دکھائی دیتا تھا۔

and the light streamed from the calyx of the flower
اور روشنی پھول کے کیلیکس سے جاری تھی

the palace garden was divided into several parts
محل کا باغ کئی حصوں میں تقسیم تھا۔

Each of the princesses had their own little plot of ground

شہزادیوں میں سے ہر ایک کا اپنا چھوٹا سا پلاٹ تھا۔

on this plot they could plant whatever flowers they pleased

اس پلاٹ پر وہ جو چاہیں پھول لگا سکتے تھے۔

one princess arranged her flower bed in the form of a whale

ایک شہزادی نے اپنے پھولوں کے بستر کو وہیل کی شکل میں ترتیب دیا۔

one princess arranged her flowers like a little mermaid

ایک شہزادی نے اپنے پھولوں کو ایک چھوٹی متسیانگنا کی طرح ترتیب دیا۔

and the youngest child made her garden round, like the sun

اور سب سے چھوٹے بچے نے اپنے باغ کو سورج کی طرح گول کر دیا۔

and in her garden grew beautiful red flowers

اور اس کے باغ میں خوبصورت سرخ پھول اُگے۔

these flowers were as red as the rays of the sunset

یہ پھول غروب آفتاب کی کرنوں کی طرح سرخ تھے۔

She was a strange child; quiet and thoughtful

وہ ایک عجیب بچہ تھا۔ خاموش اور سوچنے والا

her sisters showed delight at the wonderful things

اس کی بہنوں نے حیرت انگیز چیزوں پر خوشی ظاہر کی۔

the things they obtained from the wrecks of vessels

وہ چیزیں جو انہوں نے برتنوں کے ملبے سے حاصل کیں۔

but she cared only for her pretty red flowers

لیکن وہ صرف اپنے خوبصورت سرخ پھولوں کی پرواہ کرتی تھی۔

although there was also a beautiful marble statue

اگرچہ سنگ مرمر کا ایک خوبصورت مجسمہ بھی تھا۔

the statue was the representation of a handsome boy

مجسمہ ایک خوبصورت لڑکے کی نمائندگی کرتا تھا۔

the boy had been carved out of pure white stone

لڑکا خالص سفید پتھر سے تراشا گیا تھا۔

and the statue had fallen to the bottom of the sea from a wreck

اور مجسمہ ملبے سے سمندر کی تہہ میں گر گیا تھا۔

for this marble statue of a boy she cared about too

ایک لڑکے کے اس سنگ مرمر کے مجسمے کے لیے جس کا اسے بھی خیال تھا۔

She planted, by the statue, a rose-colored weeping willow
اس نے مجسمے کے پاس ایک گلابی رنگ کا رونے والا ولو لگایا
and soon the weeping willow hung its fresh branches over the statue
اور جلد ہی روتے ہوئے ولو نے مجسمے پر اپنی تازہ شاخیں لٹکا دیں۔
the branches almost reached down to the blue sands
شاخیں تقریبا نیچے نیلی ریت تک پہنچ گئیں۔
The shadows of the tree had the color of violet
درخت کے سائے بنفشی رنگ کے تھے۔
and the shadows waved to and fro like the branches
اور سائے شاخوں کی طرح ادھر ادھر لہرا رہے تھے۔
all of this created the most interesting illusion
اس سب نے سب سے دلچسپ وہم پیدا کیا۔
it was as if the crown of the tree and the roots were playing
گویا درخت کا تاج اور جڑیں کھیل رہی تھیں۔
it looked as if they were trying to kiss each other
ایسا لگتا تھا جیسے وہ ایک دوسرے کو چومنے کی کوشش کر رہے ہوں۔

her greatest pleasure was hearing about the world above
اس کی سب سے بڑی خوشی اوپر کی دنیا کے بارے میں سن کر تھی۔
the world above the deep sea she lived in
گھرے سمندر کے اوپر کی دنیا جس میں وہ رہتی تھی۔
She made her old grandmother tell her all about the upper world
اس نے اپنی بوڑھی دادی کو اوپری دنیا کے بارے میں سب کچھ بتانے پر مجبور کر دیا۔
the ships and the towns, the people and the animals
بحری جہاز اور شہر، لوگ اور جانور
up there the flowers of the land had fragrance
وہاں زمین کے پھولوں کی خوشبو تھی۔
the flowers below the sea had no fragrance
سمندر کے نیچے پھولوں کی خوشبو نہیں تھی۔

up there the trees of the forest were green
وہاں جنگل کے درخت ہرے بھرے تھے۔
and the fishes in the trees could sing beautifully
اور درختوں میں مچھلیاں خوبصورتی سے گا سکتی تھیں۔
up there it was a pleasure to listen to the fish
وہاں مچھلی کو سن کر خوشی ہوئی۔
her grandmother called the birds fishes
اس کی دادی نے پرندوں کو مچھلی کہا
else the little mermaid would not have understood
ورنہ چھوٹی متسیانگنا سمجھ نہیں پاتی
because the little mermaid had never seen birds
کیونکہ چھوٹی متسیانگنا نے کبھی پرندے نہیں دیکھے تھے۔

her grandmother told her about the rites of mermaids
اس کی دادی نے اسے متسیانگنوں کی رسومات کے بارے میں بتایا
"one day you will reach your fifteenth year"
"ایک دن آپ اپنے پندرہویں سال کو پہنچ جائیں گے"
"then you will have permission to go to the surface"
"پھر آپ کو سطح پر جانے کی اجازت ہوگی"
"you will be able to sit on the rocks in the moonlight"
"آپ چاند کی روشنی میں پتھروں پر بیٹھ سکیں گے"
"and you will see the great ships go sailing by"
"اور آپ دیکھیں گے کہ بڑے بڑے بحری جہاز چلتے ہیں"
"Then you will see forests and towns and the people"
"پھر تم جنگلوں اور قصبوں اور لوگوں کو دیکھو گے"

the following year one of the sisters was going to be fifteen
اگلے سال بہنوں میں سے ایک پندرہ سال کی ہونے والی تھی۔
but each sister was a year younger than the other
لیکن ہر بہن دوسری سے ایک سال چھوٹی تھی۔
the youngest sister was going to have to wait five years before her turn
سب سے چھوٹی بہن کو اپنی باری سے پہلے پانچ سال انتظار کرنا تھا۔
only then could she rise up from the bottom of the ocean
تب ہی وہ سمندر کی تہہ سے اوپر اٹھ سکتی تھی۔
and only then could she see the earth as we do

اور تب ہی وہ زمین کو ہماری طرح دیکھ سکتی تھی۔

However, each of the sisters made each other a promise

تاہم بہنوں میں سے ہر ایک نے ایک دوسرے سے وعدہ کیا۔

they were going to tell the others what they had seen

وہ دوسروں کو بتانے جا رہے تھے جو انہوں نے دیکھا تھا۔

Their grandmother could not tell them enough

ان کی دادی انہیں کافی نہیں بتا سکتی تھیں۔

there were so many things they wanted to know about

بہت سی چیزیں تھیں جن کے بارے میں وہ جاننا چاہتے تھے۔

the youngest sister longed for her turn the most

سب سے چھوٹی بہن اپنی باری کے لیے سب سے زیادہ ترس رہی تھی۔

but, she had to wait longer than all the others

لیکن، اسے باقی سب سے زیادہ انتظار کرنا پڑا

and she was so quiet and thoughtful about the world

اور وہ دنیا کے بارے میں بہت خاموش اور سوچنے والی تھی۔

there were many nights where she stood by the open window

کئی راتیں تھیں جہاں وہ کھلی کھڑکی کے پاس کھڑی تھی۔

and she looked up through the dark blue water

اور اس نے گہرے نیلے پانی میں سے اوپر دیکھا

and she watched the fish as they splashed with their fins

اور اس نے مچھلیوں کو اپنے پنکھوں سے چھڑکتے دیکھا

She could see the moon and stars shining faintly

وہ چاند اور ستاروں کو چمکتے ہوئے دیکھ سکتی تھی۔

but from deep below the water these things look different

لیکن پانی کے نیچے سے یہ چیزیں مختلف نظر آتی ہیں۔

the moon and stars looked larger than they do to our eyes

چاند اور ستارے ہماری آنکھوں سے بڑے لگ رہے تھے۔

sometimes, something like a black cloud went past

کبھی کبھی، ایک سیاہ بادل کی طرح کچھ گزر گیا

she knew that it could be a whale swimming over her head

وہ جانتی تھی کہ اس کے سر پر وہیل تیر رہی ہے۔

or it could be a ship, full of human beings

یا یہ انسانوں سے بھرا جہاز ہو سکتا ہے۔

human beings who couldn't imagine what was under them

وہ انسان جو سوچ بھی نہیں سکتے تھے کہ ان کے نیچے کیا ہے۔
a pretty little mermaid holding out her white hands
ایک خوبصورت چھوٹی متسیانگنا اپنے سفید ہاتھ پکڑے ہوئے ہے۔
a pretty little mermaid reaching towards their ship
ایک خوبصورت چھوٹی متسیانگنا ان کے جہاز کی طرف پہنچ رہی ہے۔

The Little Mermaid's Sisters
چھوٹی متسیستری بہنیں

The day came when the eldest mermaid had her fifteenth birthday
وہ دن آیا جب سب سے بڑی متسیانگنا کی پندرہویں سالگرہ تھی۔

now she was allowed to rise to the surface of the ocean
اب اسے سمندر کی سطح پر اٹھنے کی اجازت تھی۔

and that night she swum up to the surface
اور اس رات وہ سطح پر تیر گئی۔

you can imagine all the things she saw up there
آپ ان تمام چیزوں کا تصور کر سکتے ہیں جو اس نے وہاں دیکھی تھیں۔

and you can imagine all the things she had to talk about
اور آپ ان تمام چیزوں کا تصور کر سکتے ہیں جن کے بارے میں اسے بات کرنی تھی۔

But the finest thing, she said, was to lie on a sand bank
لیکن سب سے اچھی چیز، اس نے کہا، ریت کے کنارے پر لیٹنا تھا۔

in the quiet moonlit sea, near the shore
خاموش چاندنی سمندر میں، ساحل کے قریب

from there she had gazed at the lights on the land
وہاں سے اس نے زمین کی روشنیوں کو دیکھا

they were the lights of the near-by town
وہ قریبی شہر کی روشنیاں تھیں۔

the lights had twinkled like hundreds of stars
روشنیاں سیکڑوں ستاروں کی طرح جگمگا رہی تھیں۔

she had listened to the sounds of music from the town
اس نے شہر سے موسیقی کی آوازیں سنی تھیں۔

she had heard noise of carriages drawn by their horses
اس نے ان کے گھوڑوں کی کھینچی ہوئی گاڑیوں کا شور سنا تھا۔

and she had heard the voices of human beings
اور اس نے انسانوں کی آوازیں سنی تھیں۔

and the had heard merry pealing of the bells
اور گھنٹیوں کی خوش گوار آواز سنی تھی۔

the bells ringing in the church steeples
چرچ کی کھڑکیوں میں گھنٹیاں بج رہی ہیں۔

but she could not go near all these wonderful things
لیکن وہ ان تمام حیرت انگیز چیزوں کے قریب نہیں جا سکتی تھی۔
so she longed for these wonderful things all the more
اس لیے وہ ان حیرت انگیز چیزوں کے لیے اور زیادہ ترس رہی تھی۔

you can imagine how eagerly the youngest sister listened
آپ تصور کر سکتے ہیں کہ سب سے چھوٹی بہن نے کتنی بے تابی سے بات سنی
the descriptions of the upper world were like a dream
اوپری دنیا کی تفصیل ایک خواب کی طرح تھی۔
afterwards she stood at the open window of her room
اس کے بعد وہ اپنے کمرے کی کھلی کھڑکی کے پاس کھڑی ہوگئی
and she looked to the surface, through the dark-blue water
اور اس نے گہرے نیلے پانی کے ذریعے سطح کی طرف دیکھا
she thought of the great city her sister had told her of
اس نے اس عظیم شہر کے بارے میں سوچا جس کے بارے میں اس کی بہن نے اسے بتایا تھا۔
the great city with all its bustle and noise
اس کے تمام ہلچل اور شور کے ساتھ عظیم شہر
she even fancied she could hear the sound of the bells
یہاں تک کہ اس نے سوچا کہ وہ گھنٹیوں کی آواز سن سکتی ہے۔
she imagined the sound of the bells carried to the depths of the sea
اس نے سمندر کی گہرائیوں تک لے جانے والی گھنٹیوں کی آواز کا تصور کیا۔

after another year the second sister had her birthday
ایک سال بعد دوسری بہن کی سالگرہ تھی۔
she too received permission to swim up to the surface
اسے بھی سطح پر تیرنے کی اجازت مل گئی۔
and from there she could swim about where she pleased
اور وہاں سے وہ جہاں چاہے تیر سکتی تھی۔
She had gone to the surface just as the sun was setting
وہ سورج کے غروب ہوتے ہی سطح پر چلی گئی تھی۔
this, she said, was the most beautiful sight of all
اس نے کہا، یہ سب سے خوبصورت نظارہ تھا۔

The whole sky looked like a disk of pure gold
پورا آسمان خالص سونے کی ڈسک کی طرح دکھائی دے رہا تھا۔
and there were violet and rose-colored clouds
اور وہاں بنفشی اور گلابی رنگ کے بادل تھے۔
they were too beautiful to describe, she said
وہ بیان کرنے کے لیے بہت خوبصورت تھے، اس نے کہا
and she said how the clouds drifted across the sky
اور اس نے کہا کہ کیسے بادل آسمان پر اڑ گئے۔
and something had flown by more swiftly than the clouds
اور کچھ بادلوں سے زیادہ تیزی سے اڑ گیا تھا۔
a large flock of wild swans flew toward the setting sun
جنگلی ہنسوں کا ایک بڑا جھنڈ ڈوبتے سورج کی طرف اڑ گیا۔
the swans had been like a long white veil across the sea
ہنس سمندر کے اس پار ایک لمبے سفید پردے کی طرح تھے۔
She had also tried to swim towards the sun
اس نے سورج کی طرف تیرنے کی کوشش بھی کی تھی۔
but some distance away the sun sank into the waves
لیکن کچھ دور سورج لہروں میں ڈوب گیا۔
she saw how the rosy tints faded from the clouds
اس نے دیکھا کہ بادلوں سے گلابی رنگ کیسے مٹ رہے ہیں۔
and she saw how the colour had also faded from the sea
اور اس نے دیکھا کہ سمندر سے رنگ بھی کیسے پھیکا پڑ گیا ہے۔

the next year it was the third sister's turn
اگلے سال تیسری بہن کی باری تھی۔
this sister was the most daring of all the sisters
یہ بہن تمام بہنوں میں سب سے زیادہ بہادر تھی۔
she swam up a broad river that emptied into the sea
وہ ایک وسیع ندی میں تیرا جو سمندر میں جا گرا۔
On the banks of the river she saw green hills
دریا کے کناروں پر اسے ہری بھری پہاڑیاں نظر آئیں
the green hills were covered with beautiful vines
سبز پہاڑیاں خوبصورت بیلوں سے ڈھکی ہوئی تھیں۔
and on the hills there were forests of trees
اور پہاڑیوں پر درختوں کے جنگل تھے۔
and out of the forests palaces and castles poked out

اور جنگلوں میں سے محلات اور قلعے باہر نکل آئے

She had heard birds singing in the trees

اس نے درختوں پر پرندوں کو گاتے سنا تھا۔

and she had felt the rays of the sun on her skin

اور اس نے سورج کی کرنوں کو اپنی جلد پر محسوس کیا تھا۔

the rays were so strong that she had to dive back

شعاعیں اتنی مضبوط تھیں کہ اسے واپس غوطہ لگانا پڑا

and she cooled her burning face in the cool water

اور اس نے اپنے جلتے ہوئے چہرے کو ٹھنڈے پانی میں ٹھنڈا کیا۔

In a narrow creek she found a group of little children

ایک تنگ نالی میں اسے چھوٹے بچوں کا ایک گروپ ملا

they were the first human children she had ever seen

وہ پہلے انسانی بچے تھے جنہیں اس نے کبھی دیکھا تھا۔

She wanted to play with the children too

وہ بھی بچوں کے ساتھ کھیلنا چاہتی تھی۔

but the children fled from her in a great fright

لیکن بچے بڑے ڈر کے مارے اس سے بھاگ گئے۔

and then a little black animal came to the water

اور پھر ایک چھوٹا سا کالا جانور پانی کے پاس آیا

it was a dog, but she did not know it was a dog

یہ ایک کتا تھا، لیکن وہ نہیں جانتی تھی کہ یہ کتا ہے۔

because she had never seen a dog before

کیونکہ اس نے پہلے کبھی کتا نہیں دیکھا تھا۔

and the dog barked at the mermaid furiously

اور کتا غصے سے متسیانگنا پر بھونکنے لگا

she became frightened and rushed back to the open sea

وہ خوفزدہ ہو گئی اور کھلے سمندر میں واپس بھاگ گئی۔

But she said she should never forget the beautiful forest

لیکن اس نے کہا کہ اسے خوبصورت جنگل کو کبھی نہیں بھولنا چاہیے۔

the green hills and the pretty children

سبز پہاڑیاں اور خوبصورت بچے

she found it exceptionally funny how they swam

اسے یہ غیر معمولی طور پر مضحکہ خیز لگا کہ وہ کیسے تیرتے ہیں۔

because the little human children didn't have tails

کیونکہ چھوٹے انسانی بچوں کی دم نہیں ہوتی تھی۔

so with their little legs they kicked the water

تو انہوں نے اپنی چھوٹی ٹانگوں سے پانی کو لات ماری۔

The fourth sister was more timid than the last
چوتھی بہن پچھلی بہن سے زیادہ ڈرپوک تھی۔
She had decided to stay in the midst of the sea
اس نے سمندر کے درمیان رہنے کا فیصلہ کر لیا تھا۔
but she said it was as beautiful there as nearer the land
لیکن اس نے کہا کہ یہ وہاں اتنا ہی خوبصورت ہے جتنا کہ زمین کے قریب
from the surface she could see many miles around her
سطح سے وہ اپنے اردگرد کئی میل دیکھ سکتی تھی۔
the sky above her looked like a bell of glass
اس کے اوپر کا آسمان شیشے کی گھنٹی کی طرح لگتا تھا۔
and she had seen the ships sail by
اور اس نے جہازوں کو چلتے ہوئے دیکھا تھا۔
but the ships were at a very great distance from her
لیکن جہاز اس سے بہت فاصلے پر تھے۔
and, with their sails, the ships looked like sea gulls
اور، اپنے پالوں کے ساتھ، بحری جہاز سمندری گلوں کی طرح نظر آتے تھے۔
she saw how the dolphins played in the waves
اس نے دیکھا کہ ڈولفن لہروں میں کیسے کھیلتی ہیں۔
and great whales spouted water from their nostrils
اور عظیم وہیلوں نے اپنے نتھنوں سے پانی نکالا۔
like a hundred fountains all playing together
جیسے سو فوارے سب ایک ساتھ کھیل رہے ہوں۔

The fifth sister's birthday occurred in the winter
پانچویں بہن کی سالگرہ سردیوں میں ہوئی۔
so she saw things that the others had not seen
اس لیے اس نے ایسی چیزیں دیکھی جو دوسروں نے نہیں دیکھی تھیں۔
at this time of the year the sea looked green
سال کے اس وقت سمندر سبز نظر آتا ہے۔
large icebergs were floating on the green water
بڑے بڑے برف کے تودے سبز پانی پر تیر رہے تھے۔
and each iceberg looked like a pearl, she said

اور ہر آئس برگ ایک موتی کی طرح نظر آتا تھا، اس نے کہا
but they were larger and loftier than the churches
لیکن وہ گرجا گھروں سے بڑے اور بلند تھے۔
and they were of the most interesting shapes
اور وہ سب سے زیادہ دلچسپ شکل کے تھے۔
and each iceberg glittered like diamonds
اور ہر آئس برگ ہیروں کی طرح چمک رہا تھا۔
She had seated herself on one of the icebergs
وہ خود کو برف کے تودے میں سے ایک پر بیٹھ گئی تھی۔
and she let the wind play with her long hair
اور اس نے ہوا کو اپنے لمبے بالوں سے کھیلنے دیا۔
She noticed something interesting about the ships
اس نے جہازوں کے بارے میں کچھ دلچسپ دیکھا
all the ships sailed past the icebergs very rapidly
تمام بحری جہاز بہت تیزی سے آئس برگ سے گزرے۔
and they steered away as far as they could
اور وہ جہاں تک ہوسکے دور چلے گئے۔
it was as if they were afraid of the iceberg
ایسا ہی تھا جیسے وہ برف کے تودے سے ڈرتے تھے۔
she stayed out at sea into the evening
وہ شام تک سمندر میں باہر رہی
the sun went down and dark clouds covered the sky
سورج ڈوب گیا اور آسمان پر سیاہ بادل چھا گئے۔
the thunder rolled across the ocean of icebergs
گرج آئس برگ کے سمندر میں لپٹی
and the flashes of lightning glowed red on the icebergs
اور بجلی کی چمک برف کے تولوں پر سرخ ہو رہی تھی۔
and the icebergs were tossed about by the heaving sea
اور برفانی تودے آسمانی سمندر سے اُچھل پڑے
the sails of all the ships were trembling with fear
تمام جہازوں کے بادبان خوف سے کانپ رہے تھے۔
and the mermaid sat calmly on the floating iceberg
اور متسیانگنا تیرتے برف کے تودے پر سکون سے بیٹھ گئی۔
and she watched the lightning strike into the sea
اور اس نے سمندر میں بجلی گرتے دیکھا

All of her five older sisters had grown up now

اس کی پانچوں بڑی بہنیں اب بڑی ہو چکی تھیں۔

therefore they could go to the surface when they pleased

اس لیے جب وہ چاہیں سطح پر جا سکتے تھے۔

at first they were delighted with the surface world

پہلے تو وہ سطحی دنیا سے خوش تھے۔

they couldn't get enough of the new and beautiful sights

وہ نئے اور خوبصورت مقامات کی کافی مقدار حاصل نہیں کر سکے۔

but eventually they all grew indifferent towards the upper world

لیکن آخر کار وہ سب اوپری دنیا سے لاتعلق ہو گئے۔

and after a month they didn't visit the surface world much at all anymore

اور ایک مہینے کے بعد انہوں نے سطحی دنیا کا زیادہ دورہ نہیں کیا۔

they told their sister it was much more beautiful at home

انہوں نے اپنی بہن کو بتایا کہ یہ گھر میں بہت خوبصورت ہے۔

Yet often, in the evening hours, they did go up

پھر بھی اکثر، شام کے اوقات میں، وہ اوپر جاتے تھے۔

the five sisters twined their arms round each other

پانچوں بہنوں نے اپنے بازو ایک دوسرے کے گرد جوڑ لیے

and together, arm in arm, they rose to the surface

اور ایک ساتھ، بازو میں بازو، وہ سطح پر گلاب

often they went up when there was a storm approaching

اکثر وہ اوپر جاتے تھے جب کوئی طوفان آتا تھا۔

they feared that the storm might win a ship

وہ خوفزدہ تھے کہ طوفان ایک جہاز جیت سکتا ہے

so they swam to the vessel and sung to the sailors

چنانچہ وہ تیر کر جہاز تک پہنچے اور ملاحوں کے لیے گایا

Their voices were more charming than that of any human

ان کی آواز کسی بھی انسان کی آواز سے زیادہ دلکش تھی۔

and they begged the voyagers not to fear if they sank

اور انہوں نے سیاحوں سے التجا کی کہ اگر وہ ڈوب جائیں تو نہ ڈریں۔

because the depths of the sea was full of delights

کیونکہ سمندر کی گہرائی خوشیوں سے بھری ہوئی تھی۔

But the sailors could not understand their songs

لیکن ملاح ان کے گانوں کو نہیں سمجھ سکے۔

and they thought their singing was the sighing of the storm

اور انہوں نے سوچا کہ ان کا گانا طوفان کی آہیں ہیں۔

therefore their songs were never beautiful to the sailors

اس لیے ان کے گانے ملاحوں کے لیے کبھی خوبصورت نہیں تھے۔

because if the ship sank the men would drown

کیونکہ اگر جہاز ڈوب گیا تو آدمی ڈوب جائیں گے۔

the dead gained nothing from the palace of the Sea King

مرنے والوں کو سی کنگ کے محل سے کچھ حاصل نہیں ہوا۔

but their youngest sister was left at the bottom of the sea

لیکن ان کی سب سے چھوٹی بہن کو سمندر کی تہہ میں چھوڑ دیا گیا۔

looking up at them, she was ready to cry

ان کی طرف دیکھ کر وہ رونے کو تیار تھی۔

you should know mermaids have no tears that they can cry

آپ کو معلوم ہونا چاہیے کہ متسیانگنا کے پاس آنسو نہیں ہوتے کہ وہ رو سکیں

so her pain and suffering was more acute than ours

اس لیے اس کا درد اور تکلیف ہم سے زیادہ شدید تھی۔

"Oh, I wish I was also fifteen years old!" said she

"اے کاش میں بھی پندرہ سال کا ہوتا!" اس نے کہا

"I know that I shall love the world up there"

"میں جانتا ہوں کہ میں وہاں کی دنیا سے پیار کروں گا"

"and I shall love all the people who live in that world"

"اور میں ان تمام لوگوں سے محبت کروں گا جو اس دنیا میں رہتے ہیں"

The Little Mermaid's Birthday
چھوٹی متسیستری کی سالگرہ

but, at last, she too reached her fifteenth birthday
لیکن، آخر کار، وہ بھی اپنی پندرہویں سالگرہ تک پہنچ گئی۔
"Well, now you are grown up," said her grandmother
"اچھا، اب تم بڑے ہو گئے ہو، "اس کی دادی نے کہا
"Come, and let me adorn you like your sisters"
"آؤ میں تمہیں تمہاری بہنوں کی طرح سنواروں"
And she placed a wreath of white lilies in her hair
اور اس نے اپنے بالوں میں سفید کنول کی چادر رکھی
every petal of the lilies was half a pearl
کنول کی ہر پنکھڑی آدھا موتی تھی۔
Then, the old lady ordered eight great oysters to come
پھر، بوڑھی عورت نے آٹھ بڑے سیپوں کو آنے کا حکم دیا۔
the oysters attached themselves to the tail of the princess
سیپوں نے خود کو شہزادی کی دم سے جوڑ لیا۔
under the sea oysters are used to show your rank
سمندر کے نیچے سیپ آپ کا درجہ دکھانے کے لیے استعمال ہوتے ہیں۔
"But the oysters hurt me so," said the little mermaid
"لیکن سیپوں نے مجھے بہت تکلیف دی، "چھوٹی متسیانگنا نے کہا
"Yes, I know oysters hurt," replied the old lady
"ہاں، میں جانتی ہوں کہ سیپوں کو تکلیف ہوتی ہے، "بوڑھی عورت
نے جواب دیا۔
"but you know very well that pride must suffer pain"
"لیکن تم اچھی طرح جانتے ہو کہ غرور کو تکلیف ہی سہنی پڑتی ہے"
how gladly she would have shaken off all this grandeur
کتنی خوشی سے وہ اس تمام شان و شوکت کو جھٹک دیتی
she would have loved to lay aside the heavy wreath!
وہ بھاری چادر کو ایک طرف رکھنا پسند کرتی!
she thought of the red flowers in her own garden
اس نے اپنے باغ کے سرخ پھولوں کے بارے میں سوچا۔
the red flowers would have suited her much better
سرخ پھول اس کے لیے بہت بہتر ہوتے
But she could not change herself into something else
لیکن وہ خود کو کسی اور چیز میں تبدیل نہیں کر سکتی تھی۔

so she said farewell to her grandmother and sisters
تو اس نے اپنی دادی اور بہنوں کو الوداع کہا

and, as lightly as a bubble, she rose to the surface
اور، بلبلے کی طرح ہلکے سے، وہ سطح پر آگئی

The sun had just set when she raised her head above the waves
سورج ابھی غروب ہوا تھا جب اس نے اپنا سر لہروں کے اوپر اٹھایا

The clouds were tinted with crimson and gold from the sunset
غروب آفتاب کے بعد سے بادل سرخ اور سونے سے رنگے ہوئے تھے۔

and through the glimmering twilight beamed the evening star
اور چمکتی ہوئی گودھولی کے ذریعے شام کا ستارہ چمکا۔

The sea was calm, and the sea air was mild and fresh
سمندر پرسکون تھا، اور سمندری ہوا ہلکی اور تازہ تھی۔

A large ship with three masts lay lay calmly on the water
تین مستولوں والا ایک بڑا جہاز پانی پر سکون سے لیٹ گیا۔

only one sail was set, for not a breeze stirred
صرف ایک ہی جہاز رکھا گیا تھا، کیونکہ ہوا کا ایک جھونکا نہیں تھا۔

and the sailors sat idle on deck, or amidst the rigging
اور ملاح ڈیک پر یا دھاندلی کے درمیان بیکار بیٹھے رہے۔

There was music and songs on board of the ship
جہاز پر موسیقی اور گانے چل رہے تھے۔

as darkness came a hundred colored lanterns were lighted
اندھیرا آتے ہی سو رنگ کی لالٹینیں روشن ہو گئیں۔

it was as if the flags of all nations waved in the air
گویا تمام اقوام کے جھنڈے ہوا میں لہرا رہے تھے۔

The little mermaid swam close to the cabin windows
چھوٹی متسیانگنا کیبن کی کھڑکیوں کے قریب تیر رہی تھی۔

now and then the waves of the sea lifted her up
اب اور پھر سمندر کی لہروں نے اسے اوپر اٹھا لیا۔

she could look in through the glass window-panes
وہ شیشے کی کھڑکیوں سے اندر دیکھ سکتی تھی۔

and she could see a number of curiously dressed people
اور وہ متجسس لباس پہنے لوگوں کی ایک بڑی تعداد کو دیکھ سکتی تھی۔

Among the people she could see there was a young prince
جن لوگوں کو وہ دیکھ سکتی تھی ان میں ایک نوجوان شہزادہ بھی تھا۔

the prince was the most beautiful of them all
شہزادہ ان سب میں سب سے خوبصورت تھا۔

she had never seen anyone with such beautiful eyes
اتنی خوبصورت آنکھوں سے اس نے کبھی کسی کو نہیں دیکھا تھا۔

it was the celebration of his sixteenth birthday
یہ ان کی سولہویں سالگرہ کا جشن تھا۔

The sailors were dancing on the deck of the ship
ملاح جہاز کے عرشے پر ناچ رہے تھے۔

all cheered when the prince came out of the cabin
جب شہزادہ کیبن سے باہر آیا تو سب نے خوشی کا اظہار کیا۔

and more than a hundred rockets rose into the air
اور ایک سو سے زیادہ راکٹ فضا میں آگئے۔

for some time the fireworks made the sky as bright as day
کچھ دیر کے لیے آتش بازی نے آسمان کو دن کی طرح روشن کر دیا۔

of course our young mermaid had never seen fireworks before
یقیناً ہماری نوجوان متسیانگنا نے پہلے کبھی آتش بازی نہیں دیکھی تھی۔

startled by all the noise, she went back under the water
سارے شور سے گھبرا کر وہ واپس پانی کے نیچے چلی گئی۔

but soon she again stretched out her head
لیکن جلد ہی اس نے دوبارہ اپنا سر پھیلا دیا۔

it was as if all the stars of heaven were falling around her
ایسا لگتا تھا جیسے آسمان کے تمام ستارے اس کے گرد گر رہے ہوں۔

splendid fireflies flew up into the blue air
شاندار فائر فلائیز نیلی ہوا میں اڑ گئیں۔

and everything was reflected in the clear, calm sea
اور ہر چیز صاف، پرسکون سمندر میں جھلک رہی تھی۔

The ship itself was brightly illuminated by all the light
جہاز خود تمام روشنی سے روشن تھا۔

she could see all the people and even the smallest rope

وہ تمام لوگوں اور یہاں تک کہ سب سے چھوٹی رسی کو بھی دیکھ سکتی تھی۔

How handsome the young prince looked thanking his guests!
نوجوان شہزادہ اپنے مہمانوں کا شکریہ ادا کرتے ہوئے کتنا خوبصورت لگ رہا تھا!

and the music resounded through the clear night air!
اور رات کی صاف ہوا میں موسیقی گونج رہی تھی!

the birthday celebrations lasted late into the night
سالگرہ کی تقریبات رات گئے تک جاری رہیں

but the little mermaid could not take her eyes from the ship
لیکن چھوٹی متسیانگنا جہاز سے نظریں نہ ہٹا سکی

nor could she take her eyes from the beautiful prince
اور نہ ہی وہ خوبصورت شہزادے سے نظریں ہٹا سکتی تھی۔

The colored lanterns had now been extinguished
رنگ برنگی لالٹینیں اب بجھ چکی تھیں۔

and there were no more rockets that rose into the air
اور وہاں کوئی راکٹ نہیں تھے جو ہوا میں اٹھے۔

the cannon of the ship had also ceased firing
جہاز کی توپ نے بھی فائرنگ بند کر دی تھی۔

but now it was the sea that became restless
لیکن اب یہ سمندر تھا جو بے چین ہو گیا تھا۔

a moaning, grumbling sound could be heard beneath the waves
لہروں کے نیچے آہ و بکا کی آواز سنی جا سکتی تھی۔

and yet, the little mermaid remained by the cabin window
اور پھر بھی، چھوٹی متسیانگنا کیبن کی کھڑکی کے پاس رہی

she was rocking up and down on the water
وہ پانی پر اوپر اور نیچے لڑھک رہی تھی۔

so that she could keep looking into the ship
تاکہ وہ جہاز کو دیکھتی رہے۔

After a while the sails were quickly set
تھوڑی دیر بعد بادبان تیزی سے سیٹ ہو گئے۔

and the ship went on her way back to port
اور جہاز واپس بندرگاہ کی طرف روانہ ہو گیا۔

But soon the waves rose higher and higher

لیکن جلد ہی لہریں اونچی اور اونچی ہوتی گئیں۔

dark, heavy clouds darkened the night sky

سیاہ، بھاری بادلوں نے رات کے آسمان کو سیاہ کر دیا

and there appeared flashes of lightning in the distance

اور کچھ فاصلے پر بجلی کی چمک دکھائی دی۔

not far away a dreadful storm was approaching

زیادہ دور نہیں کہ ایک خوفناک طوفان قریب آ رہا تھا۔

Once more the sails were lowered against the wind

ایک بار پھر بادبان ہوا کے مقابلہ میں نیچے اتر گئے۔

and the great ship pursued her course over the raging sea

اور بڑی کشتی بپھرے ہوئے سمندر پر اپنے راستے کا تعاقب کرتی رہی

The waves rose as high as the mountains

لہریں پہاڑوں کی طرح بلند ہوئیں

one would have thought the waves were going to have the ship

کسی نے سوچا ہوگا کہ لہریں جہاز کو لے جائیں گی۔

but the ship dived like a swan between the waves

لیکن جہاز لہروں کے درمیان ہنس کی طرح غوطہ لگاتا رہا

then she rose again on their lofty, foaming crests

پھر وہ ان کے اونچے اونچے جھاگوں پر دوبارہ اٹھی۔

To the little mermaid this was pleasant to watch

چھوٹی متسیانگنا کے لیے یہ دیکھنا خوشگوار تھا۔

but it was not pleasant for the sailors

لیکن ملاحوں کے لیے یہ خوشگوار نہ تھا۔

the ship made awful groaning and creaking sounds

جہاز نے خوفناک کراہنے اور چیخنے کی آوازیں نکالیں۔

and the waves broke over the deck of the ship again and again

اور لہریں بار بار جہاز کے عرشے پر ٹوٹ پڑیں۔

the thick planks gave way under the lashing of the sea

موٹے تختوں نے سمندر کے کوڑے کے نیچے راستہ دیا۔

under the pressure the mainmast snapped asunder, like a reed

دباؤ کے تحت سرکنڈے کی طرح مین ماسٹر الگ ہو گیا۔

and, as the ship lay over on her side, the water rushed in
اور، جیسے ہی جہاز اس کی طرف لیٹ گیا، پانی تیزی سے اندر آگیا

The little mermaid realized that the crew were in danger
چھوٹی متسیانگنا کو احساس ہوا کہ عملہ خطرے میں ہے۔

her own situation wasn't without danger either
اس کی اپنی حالت بھی خطرے سے خالی نہیں تھی۔

she had to avoid the beams and planks scattered in the water
اسے پانی میں بکھرے ہوئے شہتیروں اور تختوں سے بچنا تھا۔

for a moment everything turned into complete darkness
ایک لمحے کے لیے سب کچھ مکمل تاریکی میں بدل گیا۔

and the little mermaid could not see where she was
اور چھوٹی متسیانگنا نہیں دیکھ سکی کہ وہ کہاں ہے۔

but then a flash of lightning revealed the whole scene
لیکن پھر بجلی کی چمک نے سارا منظر ظاہر کیا۔

she could see everyone was still on board of the ship
وہ دیکھ سکتی تھی کہ سب ابھی بھی جہاز پر سوار تھے۔

well, everyone was on board of the ship, except the prince
ٹھیک ہے، ہر کوئی جہاز پر سوار تھا، سوائے شہزادے کے

the ship continued on its path to the land
جہاز زمین کی طرف اپنے راستے پر چلتا رہا۔

and she saw the prince sink into the deep waves
اور اس نے شہزادے کو گہری لہروں میں ڈوبتے دیکھا

for a moment this made her happier than it should have
ایک لمحے کے لیے اس نے اسے اس سے زیادہ خوش کر دیا جس سے اسے ہونا چاہیے تھا۔

now that he was in the sea she could be with him
اب جب وہ سمندر میں تھا تو وہ اس کے ساتھ ہو سکتی تھی۔

Then she remembered the limits of human beings
پھر اسے انسانوں کی حدیں یاد آئیں

the people of the land cannot live in the water
زمین کے لوگ پانی میں نہیں رہ سکتے

if he got to the palace he would already be dead
اگر وہ محل میں جاتا تو وہ پہلے ہی مر چکا ہوتا

"No, he must not die!" she decided
"نہیں، اسے مرنا نہیں چاہیے!" اس نے فیصلہ کیا

she forget any concern for her own safety
وہ اپنی حفاظت کے بارے میں کوئی فکر بھول جاتی ہے۔
and she swam through the beams and planks
اور وہ شہتیروں اور تختوں کے ذریعے تیرنے لگی
two beams could easily crush her to pieces
دو شہتیر اسے آسانی سے کچل سکتے تھے۔
she dove deep under the dark waters
وہ گہرے پانیوں کے نیچے کبوتر کرتی ہے۔
everything rose and fell with the waves
ہر چیز لہروں کے ساتھ اٹھی اور گر گئی۔
finally, she managed to reach the young prince
آخر کار، وہ نوجوان شہزادے تک پہنچنے میں کامیاب ہو گئی۔
he was fast losing the power to swim in the stormy sea
وہ طوفانی سمندر میں تیرنے کی طاقت تیزی سے کھو رہا تھا۔
His limbs were starting to fail him
اس کے اعضاء اسے ناکام ہونے لگے تھے۔
and his beautiful eyes were closed
اور اس کی خوبصورت آنکھیں بند تھیں۔
he would have died had the little mermaid not come
اگر چھوٹی متسیانگنا نہ آتی تو وہ مر جاتا
She held his head above the water
اس نے اس کا سر پانی کے اوپر رکھا
and she let the waves carry them where they wanted
اور اس نے لہروں کو انہیں لے جانے دیا جہاں وہ چاہتے تھے۔

In the morning the storm had ceased
صبح کے وقت طوفان تھم گیا تھا۔
but of the ship not a single fragment could be seen
لیکن جہاز کا ایک ٹکڑا بھی نظر نہ آیا
The sun came up, red and shining, out of the water
سورج سرخ اور چمکتا ہوا، پانی سے باہر آیا
the sun's beams had a healing effect on the prince
سورج کی کرنوں نے شہزادے پر شفا بخش اثر ڈالا۔
the hue of health returned to the prince's cheeks
صحت کی رنگت شہزادے کے گالوں پر لوٹ آئی
but despite the sun, his eyes remained closed

لیکن سورج کے باوجود اس کی آنکھیں بند رہیں

The mermaid kissed his high, smooth forehead

متسیانگنا نے اس کی اونچی، ہموار پیشانی کو بوسہ دیا۔

and she stroked back his wet hair

اور اس نے اس کے گیلے بالوں کو پیچھے کیا۔

He seemed to her like the marble statue in her garden

وہ اسے اپنے باغ میں سنگ مرمر کا مجسمہ لگ رہا تھا۔

so she kissed him again, and wished that he lived

تو اس نے اسے دوبارہ چوما، اور خواہش کی کہ وہ زندہ رہے۔

Presently, they came in sight of land

اس وقت وہ زمین کی نظروں میں آگئے۔

and she saw lofty blue mountains on the horizon

اور اس نے افق پر اونچے نیلے پہاڑوں کو دیکھا

on top of the mountains the white snow rested

پہاڑوں کی چوٹیوں پر سفید برف چھائی ہوئی تھی۔

as if a flock of swans were lying upon the mountains

گویا پہاڑوں پر ہنسوں کا ریوڑ پڑا ہے۔

Beautiful green forests were near the shore

ساحل کے قریب خوبصورت سبز جنگلات تھے۔

and close by there stood a large building

اور قریب ہی ایک بڑی عمارت کھڑی تھی۔

it could have been a church or a convent

یہ ایک چرچ یا ایک کانونٹ ہو سکتا تھا

but she was still too far away to be sure

لیکن وہ ابھی تک اس بات کا یقین کرنے کے لئے بہت دور تھا

Orange and citron trees grew in the garden

باغ میں نارنجی اور لیموں کے درخت اگے تھے۔

and before the door stood lofty palms

اور دروازے کے سامنے اونچی کھجوریں کھڑی تھیں۔

The sea here formed a little bay

یہاں سمندر نے ایک چھوٹی خلیج بنائی

in the bay the water lay quiet and still

خلیج میں پانی خاموش اور ساکت تھا۔

but although the water was still, it was very deep

لیکن اگرچہ پانی ساکت تھا، وہ بہت گہرا تھا۔

She swam with the handsome prince to the beach
وہ خوبصورت شہزادے کے ساتھ ساحل سمندر پر تیر گئی۔

the beach was covered with fine white sand
ساحل ٹھیک سفید ریت سے ڈھکا ہوا تھا۔

and on the sand she laid him in the warm sunshine
اور ریت پر اس نے اسے گرم دھوپ میں بٹھا دیا۔

she took care to raise his head higher than his body
اس نے اس کا سر اپنے جسم سے اونچا کرنے کا خیال رکھا

Then bells sounded from the large white building
پھر سفید رنگ کی بڑی عمارت سے گھنٹیاں بجنے لگیں۔

some young girls came into the garden
کچھ نوجوان لڑکیاں باغ میں آئیں

The little mermaid swam out farther from the shore
چھوٹی متسیانگنا تیر کر ساحل سے بہت دور نکل گئی۔

she hid herself among some high rocks in the water
اس نے خود کو پانی میں کچھ اونچے چٹانوں کے درمیان چھپا لیا۔

she covered her head and neck with the foam of the sea
اس نے اپنے سر اور گردن کو سمندر کے جھاگ سے ڈھانپ لیا۔

and she watched to see what would become of the poor prince
اور وہ دیکھتی رہی کہ غریب شہزادے کا کیا بنے گا۔

It was not long before she saw a young girl approach
ابھی کچھ دیر نہیں گزری تھی کہ اس نے ایک نوجوان لڑکی کو آتے دیکھا

the young girl seemed frightened, at first
نوجوان لڑکی پہلے تو ڈری ہوئی لگ رہی تھی۔

but her fear only lasted for a moment
لیکن اس کا خوف صرف ایک لمحے کے لیے رہا۔

then she brought over a number of people
پھر وہ بہت سے لوگوں کو لایا

and the mermaid saw that the prince came to life again
اور متسیانگنا نے دیکھا کہ شہزادہ دوبارہ زندہ ہو گیا۔

he smiled upon those who stood around him
وہ اپنے اردگرد کھڑے لوگوں پر مسکرایا

But to the little mermaid the prince sent no smile

لیکن چھوٹی متسیانگنا کو شہزادے نے کوئی مسکراہٹ نہیں بھیجی۔
he knew not that it was her who had saved him
وہ نہیں جانتا تھا کہ یہ وہی تھی جس نے اسے بچایا تھا۔
This made the little mermaid very sorrowful
اس سے چھوٹی متسیانگنا بہت اداس ہو گئی۔
and then he was led away into the great building
اور پھر اسے بڑی عمارت میں لے جایا گیا۔
and the little mermaid dived down into the water
اور چھوٹی متسیانگنا پانی میں ڈوب گئی۔
and she returned to her father's castle
اور وہ اپنے باپ کے محل میں واپس آگئی

The Little Mermaid Longs for the Upper World
دی لٹل متسیستری بالائی دنیا کی خواہش کرتی ہے۔

She had always been the most silent and thoughtful of the sisters
وہ ہمیشہ بہنوں میں سب سے زیادہ خاموش اور سوچنے والی رہی تھی۔

and now she was more silent and thoughtful than ever
اور اب وہ پہلے سے زیادہ خاموش اور سوچنے والی تھی۔

Her sisters asked her what she had seen on her first visit
اس کی بہنوں نے اس سے پوچھا کہ اس نے اپنے پہلے دورے میں کیا دیکھا تھا۔

but she could tell them nothing of what she had seen
لیکن وہ انہیں کچھ نہیں بتا سکی جو اس نے دیکھا تھا۔

Many an evening and morning she returned to the surface
کئی شام اور صبح وہ سطح پر لوٹ آئی

and she went to the place where she had left the prince
اور وہ اس جگہ چلی گئی جہاں اس نے شہزادے کو چھوڑا تھا۔

She saw the fruits in the garden ripen
اس نے باغ میں پھلوں کو پکتے دیکھا

and she watched the fruits gathered from their trees
اور وہ اپنے درختوں سے جمع ہونے والے پھلوں کو دیکھتی رہی

she watched the snow on the mountain tops melt away
اس نے پہاڑ کی چوٹیوں پر برف کو پگھلتے دیکھا

but on none of her visits did she see the prince again
لیکن اپنے کسی بھی دورے پر اس نے شہزادے کو دوبارہ نہیں دیکھا

and therefore she always returned more sorrowful than when she left
اور اس لیے وہ ہمیشہ اس کے جانے کے مقابلے میں زیادہ اداس ہو کر لوٹی۔

her only comfort was sitting in her own little garden
اس کا واحد سکون اس کے اپنے چھوٹے سے باغ میں بیٹھا تھا۔

she flung her arms around the beautiful marble statue
اس نے سنگ مرمر کے خوبصورت مجسمے کے گرد بازو پھیرے۔

the statue which looked just like the prince
وہ مجسمہ جو بالکل شہزادے جیسا لگتا تھا۔

She had given up tending to her flowers
اس نے اپنے پھولوں کی پرورش ترک کر دی تھی۔
and her garden grew in wild confusion
اور اس کا باغ جنگلی الجھن میں اضافہ ہوا
they twinied the long leaves and stems of the flowers around the trees
انہوں نے درختوں کے چاروں طرف پھولوں کے لمبے پتوں اور تنوں کو جوڑ دیا۔
so that the whole garden became dark and gloomy
یوں پورا باغ اندھیرا اور اندھیرا ہو گیا۔

eventually she could bear the pain no longer
آخر کار وہ مزید درد برداشت نہیں کر سکتی تھی۔
and she told one of her sisters all that had happened
اور اس نے اپنی بہنوں میں سے ایک کو بتایا کہ کیا ہوا تھا۔
soon the other sisters heard the secret
جلد ہی دوسری بہنوں نے اس راز کو سنا
and very soon her secret became known to several maids
اور بہت جلد اس کا راز کئی لونڈیوں کو معلوم ہو گیا۔
one of the maids had a friend who knew about the prince
لونڈیوں میں سے ایک کی ایک دوست تھی جو شہزادے کے بارے میں جانتا تھا۔
She had also seen the festival on board the ship
اس نے جہاز پر بھی میلہ دیکھا تھا۔
and she told them where the prince came from
اور اس نے انہیں بتایا کہ شہزادہ کہاں سے آیا ہے۔
and she told them where his palace stood
اور اس نے انہیں بتایا کہ اس کا محل کہاں کھڑا ہے۔

"Come, little sister," said the other princesses
"آؤ چھوٹی بہن، "دوسری شہزادیوں نے کہا
they entwined their arms and rose up together
انہوں نے اپنے بازوؤں کو جکڑ لیا اور ایک ساتھ اٹھ کھڑے ہوئے۔
they went near to where the prince's palace stood
وہ اس کے قریب گئے جہاں شہزادے کا محل کھڑا تھا۔
the palace was built of bright-yellow, shining stone

محل روشن پیلے، چمکدار پتھر سے بنایا گیا تھا۔
and the palace had long flights of marble steps
اور محل میں سنگ مرمر کی سیڑھیوں کی لمبی پروازیں تھیں۔
one of the flights of steps reached down to the sea
سیڑھیوں کی ایک پرواز نیچے سمندر تک پہنچ گئی۔
Splendid gilded cupolas rose over the roof
شاندار سنہری کپولاس چھت پر گلاب
the whole building was surrounded by pillars
پوری عمارت ستونوں سے گھری ہوئی تھی۔
and between the pillars stood lifelike statues of marble
اور ستونوں کے درمیان سنگ مرمر کے زندہ مجسمے کھڑے تھے۔
they could see through the clear crystal of the windows
وہ کھڑکیوں کے صاف کرسٹل سے دیکھ سکتے تھے۔
and they could look into the noble rooms
اور وہ عمدہ کمروں میں دیکھ سکتے تھے۔
costly silk curtains and tapestries hung from the ceiling
مہنگے ریشم کے پردے اور ٹیپسٹری چھت سے لٹکی ہوئی تھیں۔
and the walls were covered with beautiful paintings
اور دیواریں خوبصورت پینٹنگز سے ڈھکی ہوئی تھیں۔
In the centre of the largest salon was a fountain
سب سے بڑے سیلون کے بیچ میں ایک چشمہ تھا۔
the fountain threw its sparkling jets high up
چشمے نے اپنے چمکتے جیٹ طیاروں کو اوپر پھینک دیا۔
the water splashed onto the glass cupola of the ceiling
پانی چھت کے شیشے کے کپولا پر چھڑکا
and the sun shone in through the water
اور سورج پانی میں سے چمکا۔
and the water splashed on the plants around the fountain
اور چشمے کے اردگرد کے پودوں پر پانی کے چھینٹے پڑ گئے۔

Now the little mermaid knew where the prince lived
اب چھوٹی متسیانگنا جانتی تھی کہ شہزادہ کہاں رہتا ہے۔
so she spent many a night in those waters
چنانچہ اس نے ان پانیوں میں کئی راتیں گزاریں۔
she got more courageous than her sisters had been
وہ اپنی بہنوں سے زیادہ بہادر ہو گئی۔

and she swam much nearer the shore than they had
اور وہ ساحل کے ان کے مقابلے میں بہت قریب تیر گئی۔

once she went up the narrow channel, under the marble balcony
ایک بار وہ سنگ مرمر کی بالکونی کے نیچے تنگ نالے پر چلی گئی۔

the balcony threw a broad shadow on the water
بالکونی نے پانی پر ایک وسیع سایہ پھینک دیا۔

Here she sat and watched the young prince
یہاں وہ بیٹھی نوجوان شہزادے کو دیکھتی رہی

he, of course, thought he was alone in the bright moonlight
اس نے یقیناً سوچا کہ وہ روشن چاندنی میں اکیلا ہے۔

She often saw him in the evenings, sailing in a beautiful boat
وہ اکثر شام کو اسے ایک خوبصورت کشتی میں سفر کرتے ہوئے دیکھا کرتی تھی۔

music sounded from the boat and the flags waved
کشتی سے موسیقی کی آواز آئی اور جھنڈے لہرائے گئے۔

She peeped out from among the green rushes
اس نے سبزہ زاروں کے درمیان سے جھانکا

at times the wind caught her long silvery-white veil
کبھی کبھی ہوا نے اس کے لمبے چاندی کے سفید پردے کو پکڑ لیا۔

those who saw her veil believed it to be a swan
جن لوگوں نے اس کا پردہ دیکھا وہ اسے ہنس مانتے تھے۔

her veil had all the appearance of a swan spreading its wings
اس کے پردے میں ایک ہنس کی شکل تھی جو اپنے پر پھیلائے ہوئے تھی۔

Many a night, too, she watched the fishermen set their nets
کئی راتوں کو بھی وہ ماہی گیروں کو جال لگاتے دیکھتی رہی

they cast their nets in the light of their torches
انہوں نے اپنی مشعلوں کی روشنی میں جال ڈالے۔

and she heard them tell many good things about the prince
اور اس نے انہیں شہزادے کے بارے میں بہت سی اچھی باتیں سناتے ہوئے سنا

this made her glad that she had saved his life

اس سے اسے خوشی ہوئی کہ اس نے اس کی جان بچائی ہے۔

when he was tossed around half dead on the waves

جب وہ لہروں پر آدھا مردہ پڑا تھا۔

She remembered how his head had rested on her bosom

اسے یاد آیا کہ اس کا سر کس طرح اس کی سینے پر ٹکا ہوا تھا۔

and she remembered how heartily she had kissed him

اور اسے یاد آیا کہ اس نے کتنے دل سے اسے چوما تھا۔

but he knew nothing of all that had happened

لیکن وہ کچھ نہیں جانتا تھا کہ کیا ہوا تھا۔

the young prince could not even dream of the little mermaid

نوجوان شہزادہ چھوٹی متسیانگنا کا خواب بھی نہیں دیکھ سکتا تھا۔

She grew to like human beings more and more

وہ انسانوں کو زیادہ سے زیادہ پسند کرنے لگی

she wished more and more to be able to wander their world

اس کی خواہش تھی کہ وہ زیادہ سے زیادہ اپنی دنیا میں گھومنے کے قابل ہو۔

their world seemed to be so much larger than her own

ان کی دنیا اس کی اپنی دنیا سے بہت بڑی لگ رہی تھی۔

They could fly over the sea in ships

وہ بحری جہازوں میں سمندر کے اوپر اڑ سکتے تھے۔

and they could mount the high hills far above the clouds

اور وہ اونچی پہاڑیوں پر بادلوں سے بہت اوپر چڑھ سکتے تھے۔

in their lands they possessed woods and fields

ان کی زمینوں میں ان کے پاس جنگل اور کھیت تھے۔

the greenery stretched beyond the reach of her sight

ہریالی اس کی نظروں کی دسترس سے باہر پھیلی ہوئی تھی۔

There was so much that she wished to know!

بہت کچھ تھا وہ جاننا چاہتی تھی!

but her sisters were unable to answer all her questions

لیکن اس کی بہنیں اس کے تمام سوالوں کے جواب دینے سے قاصر تھیں۔

She then went to her old grandmother for answers

اس کے بعد وہ جواب کے لیے اپنی بوڑھی دادی کے پاس گئی۔

her grandmother knew all about the upper world

اس کی دادی اوپری دنیا کے بارے میں سب جانتی تھیں۔

she rightly called this world "the lands above the sea"
اس نے بجا طور پر اس دنیا کو" سمندر کے اوپر زمین "کہا۔

"If human beings are not drowned, can they live forever?"
"اگر انسان غرق نہ ہوں تو کیا وہ ہمیشہ زندہ رہ سکتے ہیں؟"
"Do they never die, as we do here in the sea?"
"کیا وہ کبھی نہیں مرتے، جیسا کہ ہم یہاں سمندر میں کرتے ہیں؟"
"Yes, they die too," replied the old lady
ہاں، وہ بھی مر جاتے ہیں، "بوڑھی عورت نے جواب دیا۔
"like us, they must also die," added her grandmother
ہماری طرح، انہیں بھی مرنا چاہیے، "اس کی دادی نے مزید کہا
"and their lives are even shorter than ours"
"اور ان کی زندگی ہماری زندگی سے بھی کم ہے"
"We sometimes live for three hundred years"
"ہم کبھی کبھی تین سو سال تک زندہ رہتے ہیں"
"but when we cease to exist here we become foam"
"لیکن جب ہم یہاں ختم ہوجاتے ہیں تو ہم جھاگ بن جاتے ہیں"
"and we float on the surface of the water"
"اور ہم پانی کی سطح پر تیرتے ہیں"
"we do not have graves for those we love"
"ہم جن سے پیار کرتے ہیں ان کی قبریں نہیں ہیں"
"and we have not immortal souls"
"اور ہمارے پاس لافانی روحیں نہیں ہیں"
"after we die we shall never live again"
"ہم مرنے کے بعد پھر کبھی زندہ نہیں ہوں گے"
"like the green seaweed, once it has been cut off"
"سبز سمندری سوار کی طرح، ایک بار اسے کاٹ دیا جائے"
"after we die, we can never flourish again"
"ہم مرنے کے بعد پھر کبھی پھل پھول نہیں سکتے"
"Human beings, on the contrary, have souls"
"اس کے برعکس انسانوں میں روحیں ہیں"
"even after they're dead their souls live forever"
"مرنے کے بعد بھی ان کی روحیں ہمیشہ زندہ رہتی ہیں"
"when we die our bodies turn to foam"
"جب ہم مر جاتے ہیں تو ہمارے جسم جھاگ بن جاتے ہیں"
"when they die their bodies turn to dust"

"جب وہ مر جاتے ہیں تو ان کے جسم خاک ہو جاتے ہیں"
"when we die we rise through the clear, blue water"
"جب ہم مرتے ہیں تو ہم صاف، نیلے پانی کے ذریعے جی اٹھتے ہیں"
"when they die they rise up through the clear, pure air"
"جب وہ مر جاتے ہیں تو وہ صاف، پاک ہوا میں اٹھتے ہیں"
"when we die we float no further than the surface"
"جب ہم مرتے ہیں تو ہم سطح سے زیادہ نہیں تیرتے ہیں"
"but when they die they go beyond the glittering stars"
"لیکن جب وہ مرتے ہیں تو چمکتے ستاروں سے آگے بڑھ جاتے ہیں"
"we rise out of the water to the surface"
"ہم پانی سے نکل کر سطح پر آتے ہیں"
"and we behold all the land of the earth"
"اور ہم زمین کی ساری زمین کو دیکھتے ہیں"
"they rise to unknown and glorious regions"
"وہ نامعلوم اور شاندار خطوں کی طرف بڑھتے ہیں"
"glorious and unknown regions which we shall never see"
"شاندار اور نامعلوم علاقے جو ہم کبھی نہیں دیکھ سکیں گے"
the little mermaid mourned her lack of a soul
چھوٹی متسیانگنا نے اپنی روح کی کمی پر ماتم کیا۔
"Why have not we immortal souls?" asked the little mermaid
"ہمارے پاس لافانی روحیں کیوں نہیں ہیں؟" چھوٹی متسیانگنا نے پوچھا
"I would gladly give all the hundreds of years that I have"
"میں خوشی سے اپنے تمام سیکڑوں سال دے دوں گا"
"I would trade it all to be a human being for one day"
"میں ایک دن کے لئے انسان بننے کے لئے یہ سب تجارت کروں گا"
"I can not imagine the hope of knowing such happiness"
"میں ایسی خوشی جاننے کی امید کا تصور بھی نہیں کر سکتا"
"the happiness of that glorious world above the stars"
"ستاروں کے اوپر اس شاندار دنیا کی خوشی"
"You must not think that way," said the old woman
"تمہیں ایسا نہیں سوچنا چاہیے،" بوڑھی عورت نے کہا
"We believe that we are much happier than the humans"
"ہمیں یقین ہے کہ ہم انسانوں سے زیادہ خوش ہیں"
"and we believe we are much better off than human beings"
"اور ہمیں یقین ہے کہ ہم انسانوں سے بہت بہتر ہیں"

"So I shall die," said the little mermaid
"تو میں مر جاؤں گا، "چھوٹی متسیانگنا نے کہا
"being the foam of the sea, I shall be washed about"
"سمندر کی جھاگ ہونے کے ناطے میں دھل جاؤں گا"
"never again will I hear the music of the waves"
"میں پھر کبھی لہروں کی موسیقی نہیں سنوں گا"
"never again will I see the pretty flowers"
"میں پھر کبھی خوبصورت پھول نہیں دیکھوں گا"
"nor will I ever again see the red sun"
"نہ ہی میں پھر کبھی سرخ سورج دیکھوں گا"
"Is there anything I can do to win an immortal soul?"
"کیا میں ایک لافانی روح کو جیتنے کے لیے کچھ کر سکتا ہوں؟"
"No," said the old woman, "unless..."
"نہیں، "بوڑھی عورت نے کہا" جب تک"...
"there is just one way to gain a soul"
"روح حاصل کرنے کا ایک ہی طریقہ ہے"
"a man has to love you more than he loves his father and mother"
"ایک آدمی کو آپ سے اس سے زیادہ پیار کرنا چاہیے جتنا وہ اپنے والد اور ماں سے کرتا ہے"
"all his thoughts and love must be fixed upon you"
"اس کے تمام خیالات اور محبت آپ پر عائد ہونی چاہیے"
"he has to promise to be true to you here and hereafter"
"اسے یہاں اور آخرت میں آپ سے سچا ہونے کا وعدہ کرنا ہے"
"the priest has to place his right hand in yours"
"پادری کو اپنا دایاں ہاتھ تمہارے ہاتھ میں رکھنا ہوگا"
"then your man's soul would glide into your body"
"تو آپ کے آدمی کی روح آپ کے جسم میں داخل ہو جائے گی"
"you would get a share in the future happiness of mankind"
"آپ کو بنی نوع انسان کی مستقبل کی خوشی میں حصہ ملے گا"
"He would give to you a soul and retain his own as well"
"وہ آپ کو ایک روح دے گا اور اپنی جان بھی رکھے گا"
"but it is impossible for this to ever happen"
"لیکن ایسا ہونا ناممکن ہے"
"Your fish's tail, among us, is considered beautiful"
"ہمارے درمیان تمہاری مچھلی کی دم خوبصورت سمجھی جاتی ہے"

"but on earth your fish's tail is considered ugly"
"لیکن زمین پر تمہاری مچھلی کی دم بدصورت سمجھی جاتی ہے"
"The humans do not know any better"
"انسان اس سے بہتر نہیں جانتے"
"their standard of beauty is having two stout props"
"ان کی خوبصورتی کا معیار دو مضبوط سہارے ہیں"
"these two stout props they call their legs"
"یہ دو مضبوط سہارے جنہیں وہ اپنی ٹانگیں کہتے ہیں"
The little mermaid sighed at what appeared to be her destiny
چھوٹی متسیانگنا نے اس بات پر آہ بھری جو اس کی قسمت میں دکھائی دیتی تھی۔
and she looked sorrowfully at her fish's tail
اور اس نے افسوس سے اپنی مچھلی کی دم کو دیکھا
"Let us be happy with what we have," said the old lady
بوڑھی عورت نے کہا،" ہم جو کچھ ہمارے پاس ہے اس پر خوش رہیں۔"
"let us dart and spring about for the three hundred years"
"آئیے ہم تین سو سال کے لئے ڈارٹ اور بہار کریں"
"and three hundred years really is quite long enough"
"اور تین سو سال واقعی کافی طویل ہیں"
"After that we can rest ourselves all the better"
"اس کے بعد ہم خود کو بہتر طریقے سے آرام کر سکتے ہیں"
"This evening we are going to have a court ball"
"آج شام ہم کورٹ بال کرنے جا رہے ہیں"

It was one of those splendid sights we can never see on earth
یہ ان شاندار مقامات میں سے ایک تھا جسے ہم زمین پر کبھی نہیں دیکھ سکتے
the court ball took place in a large ballroom
کورٹ بال ایک بڑے بال روم میں ہوا۔
The walls and the ceiling were of thick transparent crystal
دیواریں اور چھت موٹی شفاف کرسٹل کی تھی۔
Many hundreds of colossal sea shells stood in rows on each side
ہر طرف سیکڑوں زبردست سمندری گولے قطاروں میں کھڑے تھے۔

some of the sea shells were deep red, others were grass green
کچھ سمندری گولے گہرے سرخ تھے، باقی گھاس سبز تھے۔
and each of the sea shells had a blue fire in it
اور سمندر کے ہر گولے میں نیلے رنگ کی آگ تھی۔
These fires lighted up the whole salon and the dancers
ان آگ نے پورے سیلون اور رقاصوں کو جلا دیا۔
and the sea shells shone out through the walls
اور سمندر کے گولے دیواروں سے چمک رہے تھے۔
so that the sea was also illuminated by their light
تاکہ سمندر بھی ان کے نور سے منور ہو جائے۔
Innumerable fishes, great and small, swam past
ان گنت مچھلیاں، بڑی اور چھوٹی، ماضی میں تیر رہی ہیں۔
some of the fishes scales glowed with a purple brilliance
مچھلیوں کے کچھ ترازو جامنی رنگ کی چمک سے چمک رہے تھے۔
and other fishes shone like silver and gold
اور دوسری مچھلیاں چاندی اور سونے کی طرح چمکتی تھیں۔
Through the halls flowed a broad stream
ہالوں میں سے ایک وسیع ندی بہتی تھی۔
and in the stream danced the mermen and the mermaids
اور ندی میں مرمین اور متسیانگنا رقص کیا۔
they danced to the music of their own sweet singing
انہوں نے اپنے ہی میٹھے گانے کی موسیقی پر رقص کیا۔

No one on earth has such lovely voices as they
ان جیسی پیاری آواز زمین پر کسی کی نہیں ہے۔
but the little mermaid sang more sweetly than all
لیکن چھوٹی متسیانگنا نے سب سے زیادہ پیارا گایا
The whole court applauded her with hands and tails
پوری عدالت نے ہاتھوں اور دم سے اسے داد دی۔
and for a moment her heart felt quite happy
اور ایک لمحے کے لیے اس کا دل بہت خوش ہوا۔
because she knew she had the sweetest voice in the sea
کیونکہ وہ جانتی تھی کہ سمندر میں اس کی آواز سب سے پیاری ہے۔
and she knew she had the sweetest voice on land
اور وہ جانتی تھی کہ اس کی آواز زمین پر سب سے پیاری ہے۔
But soon she thought again of the world above her

لیکن جلد ہی اس نے اپنے اوپر کی دنیا کے بارے میں دوبارہ سوچا۔
she could not forget the charming prince
وہ دلکش شہزادے کو نہیں بھول سکتی تھی۔
it reminded her that he had an immortal soul
اس نے اسے یاد دلایا کہ اس کے پاس ایک لافانی روح ہے۔
and she could not forget that she had no immortal soul
اور وہ یہ نہیں بھول سکتی تھی کہ اس کی کوئی لافانی روح نہیں تھی۔
She crept away silently out of her father's palace
وہ خاموشی سے اپنے باپ کے محل سے باہر نکل گئی۔
everything within was full of gladness and song
اندر کی ہر چیز خوشی اور گیت سے بھری ہوئی تھی۔
but she sat in her own little garden, sorrowful and alone
لیکن وہ اپنے چھوٹے سے باغ میں بیٹھی تھی، اداس اور اکیلی
Then she heard the bugle sounding through the water
پھر اس نے پانی میں بگل کی آواز سنی
and she thought, "He is certainly sailing above"
اور اس نے سوچا،" وہ یقینی طور پر اوپر جہاز چلا رہا ہے"
"he, the beautiful prince, in whom my wishes centre"
"وہ، خوبصورت شہزادہ، جس میں میری خواہشات کا مرکز ہے"
"he, in whose hands I should like to place my happiness"
"وہ، جس کے ہاتھ میں میں اپنی خوشیاں رکھنا چاہتا ہوں"
"I will venture all for him to win an immortal soul"
"میں اس کے لئے ایک لافانی روح جیتنے کے لئے سب کچھ کروں گا"
"my sisters are dancing in my father's palace"
"میری بہنیں میرے والد کے محل میں ناچ رہی ہیں"
"but I will go to the sea witch"
"لیکن میں سمندری جادوگرنی کے پاس جاؤں گا"
"the sea witch of whom I have always been so afraid"
"وہ سمندری چڑیل جس سے میں ہمیشہ ڈرتا رہا ہوں"
"but the sea witch can give me counsel, and help"
"لیکن سمندری ڈائن مجھے مشورہ اور مدد دے سکتی ہے"

The Sea Witch
سمندری چڑیل

Then the little mermaid went out from her garden
پھر چھوٹی متسیانگنا اپنے باغ سے باہر چلی گئی۔

and she took the path to the foaming whirlpools
اور اس نے جھاگ بھرتے بھنوروں کا راستہ لیا۔

behind the foaming whirlpools the sorceress lived
جھاگ بھنوروں کے پیچھے جادوگرنی رہتی تھی۔

the little mermaid had never gone that way before
چھوٹی متسیانگنا پہلے کبھی اس راستے پر نہیں گئی تھی۔

Neither flowers nor grass grew where she was going
جہاں وہ جا رہی تھی وہاں نہ تو پھول اُگے نہ گھاس

there was nothing but bare, gray, sandy ground
ننگی، سرمئی، ریتیلی زمین کے سوا کچھ نہیں تھا۔

this barren land stretched out to the whirlpool
یہ بنجر زمین بھنور تک پھیلی ہوئی ہے۔

the water was like foaming mill wheels
پانی مل کے پہیوں کی جھاگ کی طرح تھا۔

and the whirlpools seized everything that came within reach
اور بھنوروں نے ہر اس چیز پر قبضہ کر لیا جو پہنچ میں آتی تھی۔

the whirlpools cast their prey into the fathomless deep
بھنور اپنے شکار کو ادھوری گہرائی میں پھینک دیتے ہیں۔

Through these crushing whirlpools she had to pass
ان کچلنے والے بھنوروں سے اسے گزرنا تھا۔

only then could she reach the dominions of the sea witch
تب ہی وہ سمندری جادوگرنی کے اقتدار تک پہنچ سکتی تھی۔

after this came a stretch of warm, bubbling mire
اس کے بعد گرم، بلبلی کیچڑ کا ایک سلسلہ آیا

the sea witch called the bubbling mire her turf moor
سمندری چڑیل نے بلبلنگ کیچڑ کو اپنا ٹرف مور کہا

Beyond her turf moor was the witch's house
اس کے ٹرف مور سے پرے چڑیل کا گھر تھا۔

her house stood in the centre of a strange forest
اس کا گھر ایک عجیب جنگل کے بیچ میں کھڑا تھا۔

in this forest all the trees and flowers were polypi
اس جنگل میں تمام درخت اور پھول پولی تھے۔

but they were only half plant; the other half was animal
لیکن وہ صرف آدھے پودے تھے۔ باقی آدھا جانور تھا۔

They looked like serpents with a hundred heads
وہ سو سروں والے سانپوں کی طرح لگ رہے تھے۔

and each serpent was growing out of the ground
اور ہر ایک سانپ زمین سے نکل رہا تھا۔

Their branches were long, slimy arms
ان کی شاخیں لمبی، پتلی بازو تھیں۔

and they had fingers like flexible worms
اور ان کی انگلیاں لچکدار کیڑے جیسی تھیں۔

each of their limbs, from the root to the top, moved
ان کے اعضاء میں سے ہر ایک، جڑ سے اوپر تک، منتقل ہو گیا

All that could be reached in the sea they seized upon
سمندر میں وہ سب کچھ پہنچ سکتا تھا جس پر انہوں نے قبضہ کیا۔

and what they caught they held on tightly to
اور جو انہوں نے پکڑا اسے مضبوطی سے تھام لیا۔

so that what they caught never escaped from their clutches
تاکہ جو کچھ انہوں نے پکڑا وہ ان کے چنگل سے کبھی نہ بچ سکے۔

The little mermaid was alarmed at what she saw
چھوٹی متسیانگنا اس نے جو دیکھا اس پر گھبرا گئی۔

she stood still and her heart beat with fear
وہ ساکت کھڑی رہی اور اس کا دل خوف سے دھڑک رہا تھا۔

She came very close to turning back
وہ پیچھے مڑنے کے بہت قریب آ گئی۔

but she thought of the beautiful prince
لیکن اس نے خوبصورت شہزادے کے بارے میں سوچا۔

and she thought of the human soul for which she longed
اور اس نے انسانی روح کے بارے میں سوچا جس کی وہ آرزو رکھتی تھی۔

with these thoughts her courage returned
ان خیالات کے ساتھ ہی اس کی ہمت واپس آگئی

She fastened her long, flowing hair round her head
اس نے اپنے لمبے، بہتے بالوں کو اپنے سر پر باندھ لیا۔

so that the polypi could not grab hold of her hair
تاکہ پولی اس کے بالوں کو نہ پکڑ سکے۔
and she crossed her hands across her bosom
اور اس نے اپنے ہاتھ اپنے سینے کے پار کر دیے۔
and then she darted forward like a fish through the water
اور پھر وہ پانی میں مچھلی کی طرح آگے بڑھی۔
between the subtle arms and fingers of the ugly polypi
بدصورت پولیپی کے لطیف بازوؤں اور انگلیوں کے درمیان
the polypi were stretched out on each side of her
پولیپی اس کے ہر طرف پھیلے ہوئے تھے۔
She saw that they all held something in their grasp
اس نے دیکھا کہ ان سب نے اپنی گرفت میں کچھ نہ کچھ پکڑ رکھا ہے۔
something they had seized with their numerous little arms
کچھ جو انہوں نے اپنے بے شمار چھوٹے ہتھیاروں سے پکڑا تھا۔
they were holding white skeletons of human beings
انہوں نے انسانوں کے سفید کنکال اٹھا رکھے تھے۔
sailors who had perished at sea in storms
ملاح جو سمندر میں طوفانوں میں ہلاک ہو گئے تھے۔
sailors who had sunk down into the deep waters
ملاح جو گہرے پانیوں میں ڈوب گئے تھے۔
and there were skeletons of land animals
اور زمینی جانوروں کے کنکال تھے۔
and there were oars, rudders, and chests of ships
اور جہازوں کے چھلکے، رڈر اور سینے تھے۔
There was even a little mermaid whom they had caught
یہاں تک کہ ایک چھوٹی متسیانگنا بھی تھی جسے انہوں نے پکڑا تھا۔
the poor mermaid must have been strangled by the hands
غریب متسیانگنا ہاتھوں سے گلا گھونٹ دیا گیا ہوگا۔
to her this seemed the most shocking of all
اسے یہ سب سے زیادہ چونکانے والا لگتا تھا۔

finally, she came to a space of marshy ground in the woods
آخر کار، وہ جنگل میں دلدلی زمین کی جگہ پر آ گئی۔
here there were large fat water snakes rolling in the mire
یہاں کیچڑ میں پانی کے بڑے بڑے سانپ لڑھک رہے تھے۔
the snakes showed their ugly, drab-colored bodies

سانپوں نے اپنے بدصورت، گندے رنگ کے جسم دکھائے۔

In the midst of this spot stood a house

اس جگہ کے درمیان ایک مکان کھڑا تھا۔

the house was built of the bones of shipwrecked human beings

یہ گھر جہاز کے تباہ ہونے والے انسانوں کی ہڈیوں سے بنایا گیا تھا۔

and in the house sat the sea witch

اور گھر میں سمندری ڈائن بیٹھی تھی۔

she was allowing a toad to eat from her mouth

وہ ایک مینڈک کو اپنے منہ سے کھانے دے رہی تھی۔

just like when people feed a canary with pieces of sugar

بالکل اسی طرح جب لوگ چینی کے ٹکڑوں کے ساتھ کینری کو کھلاتے ہیں۔

She called the ugly water snakes her little chickens

وہ بدصورت پانی کے سانپوں کو اپنی چھوٹی مرغیاں کہتی تھی۔

and she allowed her little chickens to crawl all over her

اور اس نے اپنی چھوٹی مرغیوں کو اپنے اوپر رینگنے دیا۔

"I know what you want," said the sea witch

"میں جانتا ہوں کہ تم کیا چاہتے ہو،" سمندری چڑیل نے کہا

"It is very stupid of you to want such a thing"

"تمہارا ایسا چاہنا بڑی بیوقوفی ہے"

"but you shall have your way, however stupid it is"

"لیکن آپ کو اپنا راستہ مل جائے گا، یہ کتنا ہی احمقانہ کیوں نہ ہو"

"though your wish will bring you to sorrow, my pretty princess"

"اگرچہ آپ کی خواہش آپ کو غم میں لے جائے گی، میری خوبصورت شہزادی"

"You want to get rid of your mermaid's tail"

"آپ اپنی متسیانگنا کی دم سے چھٹکارا حاصل کرنا چاہتے ہیں"

"and you want to have two stumps instead"

"اور آپ اس کے بجائے دو اسٹمپ رکھنا چاہتے ہیں"

"this will make you like the human beings on earth"

"یہ آپ کو زمین پر انسانوں جیسا بنا دے گا"

"and then the young prince might fall in love with you"

"اور پھر نوجوان شہزادہ آپ سے پیار کر سکتا ہے"

"and then you might have an immortal soul"
"اور پھر آپ کو ایک لافانی روح حاصل ہو سکتی ہے"
the witch laughed loud and disgustingly
چڑیل زور سے اور نفرت سے ہنسی۔
the toad and the snakes fell to the ground
مینڈک اور سانپ زمین پر گر گئے۔
and they lay there wriggling on the floor
اور وہ وہیں فرش پر لیٹ گئے۔
"You came to me just in time," said the witch
"تم ٹھیک وقت پر میرے پاس آئے، "چڑیل نے کہا
"after sunrise tomorrow it would have been too late"
"کل طلوع آفتاب کے بعد بہت دیر ہوچکی ہوگی"
"after tomorrow I would not have been able to help you till the end of another year"
"کل کے بعد میں ایک اور سال کے آخر تک تمہاری مدد نہیں کر پاتا"
"I will prepare a potion for you"
''میں تمہارے لیے دوائیاں تیار کروں گا''
"swim up to the land tomorrow, before sunrise"
"کل طلوع آفتاب سے پہلے زمین پر تیرنا"
"seat yourself there and drink the potion"
"وہاں بیٹھو اور دوائیاں پیو"
"after you drink the potion your tail will disappear"
"دوائیاں پینے کے بعد آپ کی دم غائب ہو جائے گی"
"and then you will have what men call legs"
"اور پھر آپ کے پاس وہی ہوگا جسے مرد ٹانگیں کہتے ہیں"

"all will say you are the prettiest girl in the world"
"سب کہیں گے تم دنیا کی سب سے خوبصورت لڑکی ہو"
"but for this you will have to endure great pain"
"لیکن اس کے لیے تمہیں بہت تکلیف اٹھانی پڑے گی"
"it will be as if a sword were passing through you"
"ایسا ہو گا جیسے کوئی تلوار تمہارے درمیان سے گزر رہی ہو"
"You will still have the same gracefulness of movement"
"آپ کے پاس اب بھی حرکت کی وہی خوبصورتی ہوگی"
"it will be as if you are floating over the ground"
"ایسا ہو گا جیسے تم زمین پر تیر رہے ہو"

"and no dancer will ever tread as lightly as you"
"اور کوئی بھی رقاصہ آپ کی طرح ہلکے سے نہیں چلے گا"
"but every step you take will cause you great pain"
"لیکن آپ کا ہر قدم آپ کو بہت تکلیف دے گا"
"it will be as if you were treading upon sharp knives"
"ایسا ہو گا جیسے تم تیز چھریوں پر چل رہے ہو"
"If you bear all this suffering, I will help you"
"اگر تم یہ ساری تکلیف برداشت کرو گے تو میں تمہاری مدد کروں گا"
the little mermaid thought of the prince
چھوٹی متسیانگنا نے شہزادے کے بارے میں سوچا۔
and she thought of the happiness of an immortal soul
اور وہ ایک لافانی روح کی خوشی کے بارے میں سوچتی تھی۔
"Yes, I will," said the little princess
"ہاں، میں کروں گا، "چھوٹی شہزادی نے کہا
but, as you can imagine, her voice trembled with fear
لیکن، جیسا کہ آپ تصور کر سکتے ہیں، اس کی آواز خوف سے کانپ رہی تھی۔

"do not rush into this," said the witch
"اس میں جلدی نہ کرو، "ڈائن نے کہا
"once you are shaped like a human, you can never return"
"ایک بار جب آپ انسان کی شکل اختیار کر لیں تو آپ کبھی واپس نہیں آ سکتے"
"and you will never again take the form of a mermaid"
"اور آپ پھر کبھی متسیانگنا کی شکل اختیار نہیں کریں گے"
"You will never return through the water to your sisters"
"تم پانی کے ذریعے اپنی بہنوں کے پاس کبھی نہیں لوٹو گے"
"nor will you ever go to your father's palace again"
"نہ ہی تم پھر کبھی اپنے باپ کے محل میں جاؤ گے"
"you will have to win the love of the prince"
"آپ کو شہزادے کی محبت جیتنی ہوگی"
"he must be willing to forget his father and mother for you"
"وہ آپ کے لیے اپنے والد اور ماں کو بھولنے کے لیے تیار ہو گا"
"and he must love you with all of his soul"
"اور وہ آپ کو اپنی پوری جان سے پیار کرے گا"
"the priest must join your hands together"

"پادری کو آپ کے ہاتھ جوڑنا چاہیے"
"and he must make you man and wife in holy matrimony"
"اور وہ آپ کو مقدس شادی میں مرد اور بیوی بنائے"
"only then will you have an immortal soul"
"تب ہی آپ کو ایک لافانی روح ملے گی"
"but you must never allow him to marry another woman"
"لیکن آپ اسے کبھی بھی دوسری عورت سے شادی کرنے کی اجازت نہیں دیں گے"
"the morning after he marries another woman, your heart will break"
"جس صبح وہ دوسری عورت سے شادی کرے گا، تمہارا دل ٹوٹ جائے گا"
"and you will become foam on the crest of the waves"
"اور تم لہروں کی چوٹی پر جھاگ بن جاؤ گے"
the little mermaid became as pale as death
چھوٹی متسیانگنا موت کی طرح پیلا ہو گیا۔
"I will do it," said the little mermaid
"میں یہ کروں گا، "چھوٹی متسیانگنا نے کہا

"But I must be paid, also," said the witch
"لیکن مجھے بھی ادا کیا جانا چاہیے، "چڑیل نے کہا
"and it is not a trifle that I ask for"
"اور یہ کوئی معمولی بات نہیں ہے جو میں مانگتا ہوں"
"You have the sweetest voice of any who dwell here"
"آپ کی آواز یہاں رہنے والوں کی سب سے پیاری ہے"
"you believe that you can charm the prince with your voice"
"آپ کو یقین ہے کہ آپ اپنی آواز سے شہزادے کو دلکش بنا سکتے ہیں"
"But your beautiful voice you must give to me"
"لیکن آپ کی خوبصورت آواز آپ مجھے ضرور دیں"
"The best thing you possess is the price of my potion"
"تمہارے پاس سب سے اچھی چیز میرے دوائیاں کی قیمت ہے"
"the potion must be mixed with my own blood"
"دوائیاں میرے اپنے خون کے ساتھ ملنا چاہیے"
"only this mixture makes the potion as sharp as a two-edged sword"

"صرف یہ مرکب دوائی کو دو دھاری تلوار کی طرح تیز کرتا ہے"

the little mermaid tried to object to the cost
چھوٹی متسیانگنا نے قیمت پر اعتراض کرنے کی کوشش کی۔
"But if you take away my voice..." said the little mermaid
"لیکن اگر تم نے میری آواز چھین لی تو "...چھوٹی متسیانگنا نے کہا
"if you take away my voice, what is left for me?"
"اگر تم نے میری آواز چھین لی تو میرے لیے کیا بچا ہے؟"
"Your beautiful form," suggested the sea witch
"تمہاری خوبصورت شکل، "سمندری چڑیل نے مشورہ دیا۔
"your graceful walk, and your expressive eyes"
"آپ کی خوبصورت سیر، اور آپ کی تاثراتی آنکھیں"
"Surely, with these things you can enchain a man's heart?"
"یقیناً، ان چیزوں سے تم آدمی کے دل کو مسحور کر سکتے ہو؟"
"Well, have you lost your courage?" the sea witch asked
"اچھا کیا تم نے ہمت ہار دی ہے؟ "سمندری جادوگرنی نے پوچھا
"Put out your little tongue, so that I can cut it off"
"اپنی چھوٹی زبان نکالو، تاکہ میں اسے کاٹ دوں"
"then you shall have the powerful potion"
"پھر آپ کے پاس طاقتور دوائیاں ہوں گی"
"It shall be," said the little mermaid
"یہ ہوگا، "چھوٹی متسیانگنا نے کہا

Then the witch placed her cauldron on the fire
پھر چڑیل نے اپنی دیگ آگ پر رکھ دی۔
"Cleanliness is a good thing," said the sea witch
"صفائی ایک اچھی چیز ہے، "سمندری چڑیل نے کہا
she scoured the vessels for the right snake
اس نے صحیح سانپ کے لیے برتنوں کو کھرچایا
all the snakes had been tied together in a large knot
تمام سانپ ایک بڑی گرہ میں بندھے ہوئے تھے۔
Then she pricked herself in the breast
پھر اس نے خود کو چھاتی میں چبھ لیا۔
and she let the black blood drop into the caldron
اور اس نے کالے خون کو کیلڈرن میں گرنے دیا۔
The steam that rose twisted itself into horrible shapes

جو بھاپ اٹھی وہ خود کو خوفناک شکلوں میں مڑ گئی۔

no person could look at the shapes without fear

کوئی بھی شخص خوف کے بغیر شکلوں کو نہیں دیکھ سکتا تھا۔

Every moment the witch threw new ingredients into the vessel

ہر لمحہ چڑیل برتن میں نئے اجزاء ڈالتی تھی۔

finally, with everything inside, the caldron began to boil

آخر کار، اندر موجود ہر چیز کے ساتھ، کیلڈرون ابلنے لگا

there was the sound like the weeping of a crocodile

مگرمچھ کے رونے جیسی آواز تھی۔

and at last the magic potion was ready

اور آخر کار جادوئی دوائیاں تیار ہو گئیں۔

despite its ingredients, the potion looked like the clearest water

اس کے اجزاء کے باوجود، دوائیاں صاف پانی کی طرح نظر آتی تھیں۔

"There it is, all for you," said the witch

"یہ سب کچھ تمہارے لیے ہے،" چڑیل نے کہا

and then she cut off the little mermaid's tongue

اور پھر اس نے چھوٹی متسیانگنا کی زبان کاٹ دی۔

so that the little mermaid could never again speak, nor sing again

تاکہ چھوٹی متسیانگنا پھر کبھی نہ بول سکے اور نہ ہی دوبارہ گا سکے۔

"the polypi might try and grab you on the way out"

"شاید پولی آپ کو باہر جانے کی کوشش کر کے پکڑ لے"

"if they try, throw over them a few drops of the potion"

"اگر وہ کوشش کریں تو ان پر دوائی کے چند قطرے پھینک دیں"

"and their fingers will be torn into a thousand pieces"

"اور ان کی انگلیاں پھاڑ کر ہزار ٹکڑے کر دی جائیں گی"

But the little mermaid had no need to do this

لیکن چھوٹی متسیانگنا کو ایسا کرنے کی ضرورت نہیں تھی۔

the polypi sprang back in terror when they saw her

پولیپی اسے دیکھ کر خوفزدہ ہو کر واپس آگئی

they saw she had lost her tongue to the sea witch

انہوں نے دیکھا کہ اس نے اپنی زبان سمندری چڑیل سے کھو دی تھی۔

and they saw she was carrying the potion

اور انہوں نے دیکھا کہ وہ دوائیاں لے جا رہی ہے۔
the potion shone in her hand like a twinkling star
دوائیاں اس کے ہاتھ میں چمکتے ستارے کی طرح چمک رہی تھیں۔

So she passed quickly through the wood and the marsh
چنانچہ وہ لکڑی اور دلدل میں سے تیزی سے گزر گئی۔
and she passed between the rushing whirlpools
اور وہ تیزی سے بھنوروں کے درمیان سے گزر گئی۔
soon she made her way back to the palace of her father
جلد ہی وہ اپنے باپ کے محل میں واپس چلی گئی۔
all the torches in the ballroom were extinguished
بال روم میں موجود تمام مشعلیں بجھ گئیں۔
all within the palace must now be asleep
محل کے اندر سب اب سو رہے ہوں گے۔
But she did not go inside to see them
لیکن وہ انہیں دیکھنے کے لیے اندر نہیں گئی۔
she knew she was going to leave them forever
وہ جانتی تھی کہ وہ انہیں ہمیشہ کے لیے چھوڑنے والی ہے۔
and she knew her heart would break if she saw them
اور وہ جانتی تھی کہ اگر اس نے انہیں دیکھا تو اس کا دل ٹوٹ جائے گا۔
she went into the garden one last time
وہ آخری بار باغ میں گئی تھی۔
and she took a flower from each one of her sisters
اور اس نے اپنی بہنوں میں سے ہر ایک سے ایک ایک پھول لیا۔
and then she rose up through the dark-blue waters
اور پھر وہ گہرے نیلے پانیوں میں سے اٹھی۔

The Little Mermaid Meets the Prince
لٹل متسیستری پرنس سے ملاقات

the little mermaid arrived at the prince's palace
چھوٹی متسیانگنا شہزادے کے محل میں پہنچی۔

the sun had not yet risen from the sea
سورج ابھی سمندر سے نہیں نکلا تھا۔

and the moon shone clear and bright in the night
اور چاند رات میں صاف اور چمکدار تھا۔

the little mermaid sat at the beautiful marble steps
چھوٹی متسیانگنا سنگ مرمر کے خوبصورت سیڑھیوں پر بیٹھی تھی۔

and then the little mermaid drank the magic potion
اور پھر چھوٹی متسیانگنا نے جادوئی دوائیاں پی لیں۔

she felt the cut of a two-edged sword cut through her
اسے دو دھاری تلوار کا کٹا ہوا محسوس ہوا۔

and she fell into a swoon, and lay like one dead
اور وہ بے ہوش ہو کر گر پڑی اور ایک مردہ کی طرح پڑی تھی۔

the sun rose from the sea and shone over the land
سورج سمندر سے نکلا اور زمین پر چمکا۔

she recovered and felt the pain from the cut
وہ ٹھیک ہو گئی اور کٹ سے درد محسوس کیا۔

but before her stood the handsome young prince
لیکن اس کے سامنے خوبصورت نوجوان شہزادہ کھڑا تھا۔

He fixed his coal-black eyes upon the little mermaid
اس نے اپنی کوئلہ سیاہ آنکھیں چھوٹی متسیانگنا پر جمائی

he looked so earnestly that she cast down her eyes
اس نے اتنی سنجیدگی سے دیکھا کہ اس نے آنکھیں نیچے کر لیں۔

and then she became aware that her fish's tail was gone
اور پھر اسے معلوم ہوا کہ اس کی مچھلی کی دم ختم ہو گئی ہے۔

she saw that she had the prettiest pair of white legs
اس نے دیکھا کہ اس کے پاس سفید ٹانگوں کا سب سے خوبصورت جوڑا ہے۔

and she had tiny feet, as any little maiden would have
اور اس کے پاؤں چھوٹے تھے، جیسے کسی چھوٹی لڑکی کے ہوتے ہیں۔

But, having come from the sea, she had no clothes
لیکن سمندر سے آنے کے بعد اس کے پاس کپڑے نہیں تھے۔
so she wrapped herself in her long, thick hair
تو اس نے خود کو اپنے لمبے گھنے بالوں میں لپیٹ لیا۔
The prince asked her who she was and whence she came
شہزادے نے اس سے پوچھا کہ وہ کون ہے اور کہاں سے آئی ہے۔
She looked at him mildly and sorrowfully
اس نے نرمی اور افسوس سے اسے دیکھا
but she had to answer with her deep blue eyes
لیکن اسے اپنی گہری نیلی آنکھوں سے جواب دینا پڑا
because the little mermaid could not speak anymore
کیونکہ چھوٹی متسیانگنا مزید بول نہیں سکتی تھی۔
He took her by the hand and led her to the palace
وہ اس کا ہاتھ پکڑ کر محل کی طرف لے گیا۔

Every step she took was as the witch had said it would be
ہر قدم اس نے اٹھایا جیسا کہ چڑیل نے کہا تھا کہ یہ ہوگا۔
she felt as if she were treading upon sharp knives
اسے ایسا محسوس ہوا جیسے وہ تیز دھار چھریوں پر چل رہی ہو۔
She bore the pain of her wish willingly, however
تاہم، اس نے اپنی خواہش کا درد خوشی سے برداشت کیا۔
and she moved at the prince's side as lightly as a bubble
اور وہ شہزادے کی طرف بلبلے کی طرح ہلکے سے چلی گئی۔
all who saw her wondered at her graceful, swaying movements
جس نے بھی اسے دیکھا وہ اس کی دلکش، ڈولتی حرکتوں پر حیران رہ گئے۔
She was very soon arrayed in costly robes of silk and muslin
وہ بہت جلد ریشم اور ململ کے مہنگے لباس میں ملبوس ہو گئی۔
and she was the most beautiful creature in the palace
اور وہ محل کی سب سے خوبصورت مخلوق تھی۔
but she appeared dumb, and could neither speak nor sing
لیکن وہ گونگی دکھائی دی، اور نہ بول سکتی تھی اور نہ گا سکتی تھی۔

there were beautiful female slaves, dressed in silk and gold
ریشم اور سونے سے ملبوس خوبصورت لونڈیاں تھیں۔

they stepped forward and sang in front of the royal family
وہ آگے بڑھے اور شاہی خاندان کے سامنے گایا
each slave could sing better than the next one
ہر بندہ اگلے سے بہتر گا سکتا ہے۔
and the prince clapped his hands and smiled at her
اور شہزادے نے تالی بجائی اور اسے دیکھ کر مسکرا دیا۔
This was a great sorrow to the little mermaid
یہ چھوٹی متسیانگنا کے لیے بہت بڑا دکھ تھا۔
she knew how much more sweetly she was able to sing
وہ جانتی تھی کہ وہ کتنے پیارے انداز میں گا سکتی ہے۔
"if only he knew I have given away my voice to be with him!"
"کاش اسے معلوم ہوتا کہ میں نے اس کے ساتھ رہنے کے لیے اپنی آواز چھوڑ دی ہے"!

there was music being played by an orchestra
ایک آرکسٹرا کے ذریعہ موسیقی چل رہی تھی۔
and the slaves performed some pretty, fairy-like dances
اور غلاموں نے کچھ خوبصورت، پریوں جیسا رقص پیش کیا۔
Then the little mermaid raised her lovely white arms
پھر چھوٹی متسیانگنا نے اپنے خوبصورت سفید بازو اٹھائے۔
she stood on the tips of her toes like a ballerina
وہ اپنی انگلیوں کے سروں پر بیلرینا کی طرح کھڑی تھی۔
and she glided over the floor like a bird over water
اور وہ پانی پر پرندے کی طرح فرش پر لپکتی رہی
and she danced as no one yet had been able to dance
اور اس نے اس طرح رقص کیا جیسے ابھی تک کوئی بھی ناچ نہیں سکا تھا۔
At each moment her beauty was more revealed
ہر لمحہ اس کی خوبصورتی مزید آشکار ہوتی تھی۔
most appealing of all, to the heart, were her expressive eyes
دل کو سب سے زیادہ دلکش، اس کی تاثراتی آنکھیں تھیں۔
Everyone was enchanted by her, especially the prince
ہر کوئی اس کے سحر میں مبتلا تھا، خاص طور پر شہزادہ
the prince called her his deaf little foundling
شہزادے نے اسے اپنی بہری چھوٹی فاؤنڈلنگ کہا

and she happily continued to dance, to please the prince
اور وہ خوشی سے شہزادے کو خوش کرنے کے لیے ناچتی رہی
but we must remember the pain she endured for his pleasure
لیکن ہمیں وہ درد یاد رکھنا چاہیے جو اس نے اس کی خوشی کے لیے برداشت کی تھی۔
every step on the floor felt as if she trod on sharp knives
فرش پر ہر قدم یوں محسوس ہوتا تھا جیسے وہ تیز چھریوں پر چل رہی ہو۔

The prince said she should remain with him always
شہزادے نے کہا کہ اسے ہمیشہ اس کے ساتھ رہنا چاہیے۔
and she was given permission to sleep at his door
اور اسے اس کے دروازے پر سونے کی اجازت دی گئی۔
they brought a velvet cushion for her to lie on
وہ اس کے لیٹے رہنے کے لیے ایک مخملی کشن لائے
and the prince had a page's dress made for her
اور شہزادے نے اس کے لیے ایک صفحہ کا لباس بنایا تھا۔
this way she could accompany him on horseback
اس طرح وہ گھوڑے پر اس کے ساتھ جا سکتی تھی۔
They rode together through the sweet-scented woods
وہ میٹھی خوشبو والے جنگل میں ایک ساتھ سوار ہوئے۔
in the woods the green branches touched their shoulders
جنگل میں سبز شاخیں ان کے کندھوں کو چھوتی تھیں۔
and the little birds sang among the fresh leaves
اور چھوٹے پرندے تازہ پتوں کے درمیان گاتے تھے۔
She climbed with him to the tops of high mountains
وہ اس کے ساتھ اونچے پہاڑوں کی چوٹیوں پر چڑھ گئی۔
and although her tender feet bled, she only smiled
اور اگرچہ اس کے نرم پاؤں سے خون بہہ رہا تھا، وہ صرف مسکرائی
she followed him till the clouds were beneath them
وہ اس کا پیچھا کرتی رہی یہاں تک کہ بادل ان کے نیچے تھے۔
like a flock of birds flying to distant lands
پرندوں کے جھنڈ کی طرح جو دور دراز علاقوں کی طرف اڑ رہے ہوں۔

when all were asleep she sat on the broad marble steps
جب سب سو گئے تو وہ سنگ مرمر کی چوڑی سیڑھیوں پر بیٹھ گئی۔
it eased her burning feet to bathe them in the cold water
اس نے اس کے جلتے ہوئے پاؤں کو ٹھنڈے پانی سے نہلانے کے لیے آسان کر دیا۔
It was then that she thought of all those in the sea
تب ہی اس نے سمندر میں موجود تمام لوگوں کے بارے میں سوچا۔
Once, during the night, her sisters came up, arm in arm
ایک بار، رات کے وقت، اس کی بہنیں بازوؤں میں ہاتھ ڈالے اوپر آئیں
they sang sorrowfully as they floated on the water
وہ پانی پر تیرتے ہوئے غم سے گاتے تھے۔
She beckoned to them, and they recognized her
اس نے انہیں اشارہ کیا، اور انہوں نے اسے پہچان لیا۔
they told her how they had grieved their youngest sister
انہوں نے اسے بتایا کہ کس طرح انہوں نے اپنی سب سے چھوٹی بہن کو غمزدہ کیا تھا۔
after that, they came to the same place every night
اس کے بعد وہ ہر رات اسی جگہ آتے تھے۔
Once she saw in the distance her old grandmother
ایک بار اس نے دور سے اپنی بوڑھی دادی کو دیکھا
she had not been to the surface of the sea for many years
وہ کئی سالوں سے سمندر کی سطح پر نہیں گئی تھی۔
and the old Sea King, her father, with his crown on his head
اور بوڑھا سی کنگ، اس کا باپ، اس کے سر پر اس کا تاج تھا۔
he too came to where she could see him
وہ بھی وہاں آیا جہاں وہ اسے دیکھ سکتی تھی۔
They stretched out their hands towards her
انہوں نے اس کی طرف ہاتھ بڑھائے۔
but they did not venture as near the land as her sisters
لیکن وہ اس کی بہنوں کی طرح زمین کے قریب نہیں گئے۔

As the days passed she loved the prince more dearly
جیسے جیسے دن گزرتے گئے وہ شہزادے سے اور زیادہ پیار کرنے لگی
and he loved her as one would love a little child

اور وہ اس سے اس طرح پیار کرتا تھا جیسے کوئی ایک چھوٹے بچے سے پیار کرتا ہے۔

The thought never came to him to make her his wife
اسے اپنی بیوی بنانے کا خیال کبھی نہیں آیا

but, unless he married her, her wish would never come true
لیکن، جب تک اس نے اس سے شادی نہیں کی، اس کی خواہش کبھی پوری نہیں ہوگی۔

unless he married her she could not receive an immortal soul
جب تک اس نے اس سے شادی نہیں کی تو اسے لافانی روح نہیں مل سکتی

and if he married another her dreams would shatter
اور اگر اس نے دوسری شادی کی تو اس کے خواب چکنا چور ہو جائیں گے۔

on the morning after his marriage she would dissolve
اس کی شادی کے بعد صبح وہ تحلیل ہو جائے گی۔

and the little mermaid would become the foam of the sea
اور چھوٹی متسیانگنا سمندر کی جھاگ بن جائے گی۔

the prince took the little mermaid in his arms
شہزادے نے چھوٹی متسیانگنا کو اپنی بانہوں میں لے لیا۔

and he kissed her on her forehead
اور اس نے اس کے ماتھے پر بوسہ دیا۔

with her eyes she tried to ask him
اس نے اپنی آنکھوں سے اس سے پوچھنے کی کوشش کی۔

"Do you not love me the most of them all?"
"کیا تم مجھ سے ان سب سے زیادہ پیار نہیں کرتے؟"

"Yes, you are dear to me," said the prince
"ہاں تم مجھے عزیز ہو" شہزادے نے کہا

"because you have the best heart"
"کیونکہ آپ کے پاس بہترین دل ہے"

"and you are the most devoted to me"
"اور تم میرے لیے سب سے زیادہ عقیدت مند ہو"

"You are like a young maiden whom I once saw"
"تم ایک نوجوان لڑکی کی طرح ہو جسے میں نے ایک بار دیکھا تھا"

"but I shall never meet this young maiden again"
"لیکن میں اس نوجوان لڑکی سے دوبارہ کبھی نہیں ملوں گا"

"I was in a ship that was wrecked"

"میں ایک جہاز میں تھا جو تباہ ہو گیا تھا"

"and the waves cast me ashore near a holy temple"

"اور لہروں نے مجھے ایک مقدس ہیکل کے قریب کنارے پھینک دیا"

"at the temple several young maidens performed the service"

"مندر میں کئی نوجوان لڑکیوں نے خدمت انجام دی"

"The youngest maiden found me on the shore"

"سب سے کم عمر لڑکی نے مجھے ساحل پر پایا"

"and the youngest of the maidens saved my life"

"اور سب سے چھوٹی لڑکی نے میری جان بچائی"

"I saw her but twice," he explained

"میں نے اسے دیکھا لیکن دو بار، "اس نے وضاحت کی۔

"and she is the only one in the world whom I could love"

"اور وہ دنیا میں واحد ہے جس سے میں پیار کر سکتا ہوں"

"But you are like her," he reassured the little mermaid

"لیکن تم اس کی طرح ہو، "اس نے چھوٹی متسیانگنا کو یقین دلایا

"and you have almost driven her image from my mind"

"اور تم نے تقریباً اس کی تصویر میرے ذہن سے نکال دی ہے"

"She belongs to the holy temple"

"وہ مقدس ہیکل سے تعلق رکھتی ہے"

"good fortune has sent you instead of her to me"

"خوش نصیبی نے اس کی بجائے تمہیں میرے پاس بھیجا ہے"

"We will never part," he comforted the little mermaid

"ہم کبھی الگ نہیں ہوں گے، "اس نے چھوٹی متسیانگنا کو تسلی دی۔

but the little mermaid could not help but sigh

لیکن چھوٹی متسیانگنا مدد نہیں کر سکا لیکن آہ بھری۔

"he knows not that it was I who saved his life"

"وہ نہیں جانتا کہ میں نے ہی اس کی جان بچائی"

"I carried him over the sea to where the temple stands"

"میں اسے سمندر کے اوپر لے گیا جہاں ہیکل کھڑا ہے"

"I sat beneath the foam till the human came to help him"

"میں جھاگ کے نیچے بیٹھا رہا یہاں تک کہ انسان اس کی مدد کے لیے آیا۔"

"I saw the pretty maiden that he loves"

"میں نے اس خوبصورت لڑکی کو دیکھا جس سے وہ پیار کرتا ہے"

"the pretty maiden that he loves more than me"
"خوبصورت لڑکی جسے وہ مجھ سے زیادہ پیار کرتا ہے"
The mermaid sighed deeply, but she could not weep
متسیانگنا نے گہرا سانس لیا، لیکن وہ رو نہ سکی
"He says the maiden belongs to the holy temple"
"وہ کہتا ہے کہ لڑکی کا تعلق مقدس ہیکل سے ہے"
"therefore she will never return to the world"
"اس لیے وہ کبھی دنیا میں واپس نہیں آئے گی"
"they will meet no more," the little mermaid hoped
"وہ مزید نہیں ملیں گے،" چھوٹی متسیانگنا نے امید ظاہر کی۔
"I am by his side and see him every day"
"میں اس کے ساتھ ہوں اور اسے ہر روز دیکھتا ہوں"
"I will take care of him, and love him"
"میں اس کا خیال رکھوں گا، اور اس سے پیار کروں گا"
"and I will give up my life for his sake"
"اور میں اس کی خاطر اپنی جان دے دوں گا"

The Day of the Wedding
شادی کا دن

Very soon it was said that the prince was going to marry
بہت جلد یہ کہا گیا کہ شہزادہ شادی کرنے والا ہے۔

there was the beautiful daughter of a neighbouring king
ایک پڑوسی بادشاہ کی خوبصورت بیٹی تھی۔

it was said that she would be his wife
کہا گیا کہ وہ اس کی بیوی ہو گی۔

for the occasion a fine ship was being fitted out
اس موقع کے لیے ایک عمدہ جہاز تیار کیا جا رہا تھا۔

the prince said he intended only to visit the king
شہزادے نے کہا کہ وہ صرف بادشاہ سے ملنے کا ارادہ رکھتا ہے۔

they thought he was only going so as to meet the princess
ان کا خیال تھا کہ وہ صرف شہزادی سے ملنے جا رہا ہے۔

The little mermaid smiled and shook her head
چھوٹی متسیانگنا نے مسکرا کر سر ہلایا

She knew the prince's thoughts better than the others
وہ شہزادے کے خیالات کو دوسروں سے بہتر جانتی تھی۔

"I must travel," he had said to her
"مجھے سفر کرنا ہے، "اس نے اس سے کہا تھا۔

"I must see this beautiful princess"
"مجھے اس خوبصورت شہزادی کو دیکھنا چاہیے"۔

"My parents want me to go and see her"
"میرے والدین چاہتے ہیں کہ میں جا کر اسے دیکھوں"

"but they will not oblige me to bring her home as my bride"
"لیکن وہ مجھے اپنی دلہن کے طور پر اسے گھر لانے پر مجبور نہیں کریں گے"

"you know that I cannot love her"
"تم جانتی ہو کہ میں اس سے محبت نہیں کر سکتا"

"because she is not like the beautiful maiden in the temple"
"کیونکہ وہ مندر کی خوبصورت لڑکی کی طرح نہیں ہے"

"the beautiful maiden whom you resemble"
"خوبصورت لڑکی جس سے آپ مشابہت رکھتے ہیں"

"If I were forced to choose a bride, I would choose you"

"اگر مجھے دلہن چننے پر مجبور کیا گیا تو میں تمہیں چنوں گا"
"my deaf foundling, with those expressive eyes"
"میری بہری فاؤنڈلنگ، ان تاثراتی آنکھوں سے"
Then he kissed her rosy mouth
پھر اس کے گلابی منہ کو چوما
and he played with her long, waving hair
اور وہ اس کے لمبے لہراتے بالوں سے کھیلتا رہا۔
and he laid his head on her heart
اور اس نے اپنا سر اس کے دل پر رکھا
she dreamed of human happiness and an immortal soul
اس نے انسانی خوشی اور ایک لافانی روح کا خواب دیکھا

they stood on the deck of the noble ship
وہ عظیم جہاز کے عرشے پر کھڑے تھے۔
"You are not afraid of the sea, are you?" he said
"تم سمندر سے نہیں ڈرتے، کیا تم؟ "انہوں نے کہا
the ship was to carry them to the neighbouring country
جہاز انہیں پڑوسی ملک لے جانا تھا۔
Then he told her of storms and of calms
پھر اس نے اسے طوفانوں اور سکون کے بارے میں بتایا
he told her of strange fishes deep beneath the water
اس نے اسے پانی کے نیچے گہری عجیب و غریب مچھلیوں کے بارے میں بتایا
and he told her of what the divers had seen there
اور اس نے اسے بتایا کہ غوطہ خوروں نے وہاں کیا دیکھا تھا۔
She smiled at his descriptions, slightly amused
وہ اس کی تفصیل پر مسکرایا، قدرے خوش ہوا۔
she knew better what wonders were at the bottom of the sea
وہ بہتر جانتی تھی کہ سمندر کی تہہ میں کیا عجائبات ہیں۔

the little mermaid sat on the deck at moonlight
چھوٹی متسیانگنا چاندنی میں ڈیک پر بیٹھ گئی۔
all on board were asleep, except the man at the helm
جہاز میں سوار تمام لوگ سو رہے تھے، سوائے اس شخص کے جس کے سربراہ تھے۔
and she gazed down through the clear water

اور اس نے صاف پانی میں سے دیکھا

She thought she could distinguish her father's castle

اس نے سوچا کہ وہ اپنے باپ کے محل کو الگ کر سکتی ہے۔

and in the castle she could see her aged grandmother

اور محل میں وہ اپنی بوڑھی دادی کو دیکھ سکتی تھی۔

Then her sisters came out of the waves

پھر اس کی بہنیں لہروں سے باہر نکل آئیں

and they gazed at their sister mournfully

اور انہوں نے اپنی بہن کو ماتم سے دیکھا

She beckoned to her sisters, and smiled

اس نے اپنی بہنوں کو اشارہ کیا، اور مسکرا دی۔

she wanted to tell them how happy and well off she was

وہ انہیں بتانا چاہتی تھی کہ وہ کتنی خوش اور اچھی ہے۔

But the cabin boy approached and her sisters dived down

لیکن کیبن لڑکا قریب آیا اور اس کی بہنیں نیچے ڈوب گئیں۔

he thought what he saw was the foam of the sea

اس نے سوچا جو اس نے دیکھا وہ سمندر کی جھاگ ہے۔

The next morning the ship got into the harbour

اگلی صبح جہاز بندرگاہ میں داخل ہوا۔

they had arrived in a beautiful coastal town

وہ ایک خوبصورت ساحلی شہر میں پہنچے تھے۔

on their arrival they were greeted by church bells

ان کی آمد پر چرچ کی گھنٹیوں سے ان کا استقبال کیا گیا۔

and from the high towers sounded a flourish of trumpets

اور اونچے میناروں سے نرسنگے پھونکنے لگے

soldiers lined the roads through which they passed

فوجیوں نے ان سڑکوں کو قطار میں کھڑا کیا جس سے وہ گزرے تھے۔

Soldiers, with flying colors and glittering bayonets

اڑتے رنگوں اور چمکتی ہوئی سنگموں کے ساتھ سپاہی

Every day that they were there there was a festival

ہر روز جب وہ وہاں ہوتے تو میلہ لگ جاتا

balls and entertainments were organised for the event

تقریب کے لیے گیندوں اور تفریح کا اہتمام کیا گیا تھا۔

But the princess had not yet made her appearance

لیکن شہزادی نے ابھی تک اپنی شکل نہیں دی تھی۔

she had been brought up and educated in a religious house
اس کی پرورش اور تعلیم ایک مذہبی گھر میں ہوئی تھی۔
she was learning every royal virtue of a princess
وہ شہزادی کی ہر شاہی خوبی سیکھ رہی تھی۔

At last, the princess made her royal appearance
آخرکار شہزادی نے اپنا شاہی روپ دھار لیا۔
The little mermaid was anxious to see her
چھوٹی متسیانگنا اسے دیکھنے کے لیے بے چین تھی۔
she had to know whether she really was beautiful
اسے جاننا تھا کہ کیا وہ واقعی خوبصورت ہے۔
and she was obliged to admit she really was beautiful
اور وہ یہ تسلیم کرنے پر مجبور تھی کہ وہ واقعی خوبصورت تھی۔
she had never seen a more perfect vision of beauty
اس نے خوبصورتی کا اس سے زیادہ کامل نظارہ کبھی نہیں دیکھا تھا۔
Her skin was delicately fair
اس کی جلد نازک سی تھی۔
and her laughing blue eyes shone with truth and purity
اور اس کی ہنستی نیلی آنکھیں سچائی اور پاکیزگی سے چمک رہی تھیں۔
"It was you," said the prince
"یہ تم ہی تھے" شہزادے نے کہا
"you saved my life when I lay as if dead on the beach"
"آپ نے میری جان بچائی جب میں ساحل پر مر گیا تھا"
"and he held his blushing bride in his arms"
"اور اس نے اپنی شرمیلی دلہن کو بازوؤں میں پکڑ لیا"

"Oh, I am too happy!" said he to the little mermaid
"اوہ، میں بہت خوش ہوں"! اس نے چھوٹی متسیانگنا سے کہا
"my fondest hopes are now fulfilled"
"میری سب سے پیاری امید اب پوری ہو گئی ہے"
"You will rejoice at my happiness"
"تم میری خوشی پر خوش ہو جاؤ گے"
"because your devotion to me is great and sincere"
"کیونکہ آپ کی مجھ سے عقیدت بڑی اور مخلص ہے"
The little mermaid kissed the prince's hand

چھوٹی متسیانگنا نے شہزادے کا ہاتھ چوما
and she felt as if her heart were already broken
اور اسے لگا جیسے اس کا دل پہلے ہی ٹوٹ گیا ہو
the morning of his wedding was going to bring death to her
اس کی شادی کی صبح اس کے لیے موت لانے والی تھی۔
she knew she was to become the foam of the sea
وہ جانتی تھی کہ اسے سمندر کی جھاگ بننا ہے۔

the sound of the church bells rang through the town
چرچ کی گھنٹیوں کی آواز پورے شہر میں گونج رہی تھی۔
the heralds rode through the town proclaiming the betrothal
ہیرالڈ منگنی کا اعلان کرتے ہوئے شہر میں گھومتے رہے۔
Perfumed oil was burned in silver lamps on every altar
ہر قربان گاہ پر چاندی کے چراغوں میں خوشبودار تیل جلایا جاتا تھا۔
The priests waved the censers over the couple
پادریوں نے جوڑے کے اوپر بخور دان لہرائے
and the bride and the bridegroom joined their hands
اور دلہا اور دلہن نے ہاتھ جوڑ لیے
and they received the blessing of the bishop
اور انہوں نے بشپ کی برکت حاصل کی۔
The little mermaid was dressed in silk and gold
چھوٹی متسیانگنا ریشم اور سونے سے ملبوس تھی۔
she held up the bride's dress, in great pain
اس نے بڑی تکلیف میں دلہن کا لباس اٹھایا
but her ears heard nothing of the festive music
لیکن اس کے کانوں نے تہوار کی موسیقی کی کچھ نہیں سنی
and her eyes saw not the holy ceremony
اور اس کی آنکھوں نے مقدس تقریب کو نہیں دیکھا
She thought of the night of death coming to her
وہ موت کی رات اپنے پاس آنے کا سوچ رہی تھی۔
and she mourned for all she had lost in the world
اور اس نے ان سب چیزوں کے لیے ماتم کیا جو اس نے دنیا میں کھو دی تھیں۔

that evening the bride and bridegroom boarded the ship
اس شام دولہا اور دلہن جہاز پر سوار ہوئے۔

the ship's cannons were roaring to celebrate the event
جہاز کی توپیں اس تقریب کو منانے کے لیے گرج رہی تھیں۔
and all the flags of the kingdom were waving
اور مملکت کے تمام جھنڈے لہرا رہے تھے۔
in the centre of the ship a tent had been erected
جہاز کے بیچ میں ایک خیمہ لگایا گیا تھا۔
in the tent were the sleeping couches for the newlyweds
خیمے میں نوبیاہتا جوڑے کے لیے سونے کے صوفے تھے۔
the winds were favourable for navigating the calm sea
ہوائیں پرسکون سمندر میں گشت کے لیے سازگار تھیں۔
and the ship glided as smoothly as the birds of the sky
اور جہاز آسمان کے پرندوں کی طرح آسانی سے لپکتا رہا۔

When it grew dark, a number of colored lamps were lighted
جب اندھیرا ہوا تو کئی رنگ برنگے چراغ روشن ہو گئے۔
the sailors and royal family danced merrily on the deck
ملاح اور شاہی خاندان نے ڈیک پر خوشی سے رقص کیا۔
The little mermaid could not help thinking of her birthday
چھوٹی متسیانگنا اپنی سالگرہ کے بارے میں سوچنے میں مدد نہیں کر سکتی تھی۔
the day that she rose out of the sea for the first time
جس دن وہ پہلی بار سمندر سے باہر نکلی تھی۔
similar joyful festivities were celebrated on that day
اس دن بھی اسی طرح کی خوشی کی تقریبات منائی گئیں۔
she thought about the wonder and hope she felt that day
اس نے حیرت اور امید کے بارے میں سوچا کہ اس نے اس دن محسوس کیا۔
with those pleasant memories, she too joined in the dance
ان خوشگوار یادوں کے ساتھ وہ بھی رقص میں شامل ہو گئیں۔
on her paining feet, she poised herself in the air
اپنے درد والے پیروں پر، اس نے خود کو ہوا میں کھڑا کیا۔
the way a swallow poises itself when in pursued of prey
شکار کا تعاقب کرتے وقت نگلنے کا طریقہ
the sailors and the servants cheered her wonderingly
ملاحوں اور نوکروں نے حیرت سے اسے خوش کیا۔
She had never danced so gracefully before

اس نے پہلے کبھی اتنا خوبصورت ڈانس نہیں کیا تھا۔
Her tender feet felt as if cut with sharp knives
اس کے نرم پاؤں یوں محسوس ہو رہے تھے جیسے تیز چھریوں سے کاٹے گئے ہوں۔
but she cared little for the pain of her feet
لیکن وہ اپنے پیروں کے درد کی بہت کم پرواہ کرتی تھی۔
there was a much sharper pain piercing her heart
اس کے دل کو چھیدنے والا ایک بہت تیز درد تھا۔

She knew this was the last evening she would ever see him
وہ جانتی تھی کہ یہ آخری شام تھی وہ اسے کبھی دیکھے گی۔
the prince for whom she had forsaken her kindred and home
وہ شہزادہ جس کے لیے اس نے اپنے رشتہ داروں اور گھر کو چھوڑ دیا تھا۔
She had given up her beautiful voice for him
اس نے اس کے لیے اپنی خوبصورت آواز ترک کر دی تھی۔
and every day she had suffered unheard-of pain for him
اور ہر روز وہ اس کے لیے نہ سنے جانے والے درد کا سامنا کر رہی تھی۔
she suffered all this, while he knew nothing of her pain
اس نے یہ سب سہا، جبکہ وہ اس کے درد سے کچھ نہیں جانتا تھا۔
it was the last evening she would breath the same air as him
یہ آخری شام تھی جب وہ اس کی طرح ہوا میں سانس لے گی۔
it was the last evening she would gaze on the same starry sky
یہ آخری شام تھی وہ اسی تاروں بھرے آسمان کو دیکھے گی۔
it was the last evening she would gaze into the deep sea
یہ آخری شام تھی کہ وہ گہرے سمندر میں دیکھے گی۔
it was the last evening she would gaze into the eternal night
یہ آخری شام تھی وہ ابدی رات میں دیکھے گی۔
an eternal night without thoughts or dreams awaited her
سوچوں اور خوابوں کے بغیر ایک ابدی رات اس کی منتظر تھی۔
She was born without a soul, and now she could never win one
وہ بغیر روح کے پیدا ہوئی تھی، اور اب وہ کبھی نہیں جیت سکتی تھی۔

All was joy and gaiety on the ship until long after midnight
آدھی رات کے بعد تک جہاز پر سب خوشی اور جوش تھا۔
She smiled and danced with the others on the royal ship
وہ مسکراتی اور شاہی جہاز پر دوسروں کے ساتھ رقص کرتی
but she danced while the thought of death was in her heart
لیکن وہ رقص کرتی رہی جب کہ اس کے دل میں موت کا خیال تھا۔
she had to watch the prince dance with the princess
اسے شہزادی کے ساتھ شہزادے کا رقص دیکھنا تھا۔
she had to watch when the prince kissed his beautiful bride
اسے دیکھنا پڑا جب شہزادے نے اپنی خوبصورت دلہن کو چوما
she had to watch her play with the prince's raven hair
اسے شہزادے کے کوے کے بالوں سے کھیلتے دیکھنا تھا۔
and she had to watch them enter the tent, arm in arm
اور اسے انہیں خیمے میں داخل ہوتے دیکھنا پڑا

After the Wedding
شادی کے بعد

After they had gone all became still on board the ship
ان کے جانے کے بعد سب جہاز پر سوار ہو گئے۔

only the pilot, who stood at the helm, was still awake
صرف پائلٹ، جو ہیلم پر کھڑا تھا، ابھی تک جاگ رہا تھا۔

The little mermaid leaned on the edge of the vessel
چھوٹی متسیانگنا برتن کے کنارے پر ٹیک لگائے بیٹھی تھی۔

she looked towards the east for the first blush of morning
اس نے صبح کی پہلی سرخی کے لیے مشرق کی طرف دیکھا

the first ray of the dawn, which was to be her death
فجر کی پہلی کرن، جو اس کی موت تھی۔

from far away she saw her sisters rising out of the sea
دور سے اس نے اپنی بہنوں کو سمندر سے نکلتے دیکھا

They were as pale with fear as she was
وہ خوف سے اتنے ہی پیلے تھے جیسے وہ تھی۔

but their beautiful hair no longer waved in the wind
لیکن ان کے خوبصورت بال اب ہوا میں نہیں لہراتے تھے۔

"We have given our hair to the witch," said they
"ہم نے اپنے بال چڑیل کو دے دیے ہیں، "انہوں نے کہا

"so that you do not have to die tonight"
"تاکہ آج رات تمہیں مرنا نہ پڑے"

"for our hair we have obtained this knife"
"ہم نے اپنے بالوں کے لیے یہ چاقو حاصل کیا ہے"

"Before the sun rises you must use this knife"
"سورج نکلنے سے پہلے آپ کو یہ چاقو ضرور استعمال کرنا چاہیے"

"you must plunge the knife into the heart of the prince"
"آپ کو چاقو کو شہزادے کے دل میں پھینکنا ہوگا"

"the warm blood of the prince must fall upon your feet"
"شہزادے کا گرم خون آپ کے پاؤں پر گرنا چاہیے"

"and then your feet will grow together again"
"اور پھر آپ کے پاؤں دوبارہ ایک ساتھ بڑھیں گے"

"where you have legs you will have a fish's tail again"
"جہاں آپ کی ٹانگیں ہوں گی آپ کے پاس دوبارہ مچھلی کی دم ہوگی"

"and where you were human you will once more be a mermaid"

"اور جہاں آپ انسان تھے آپ ایک بار پھر متسیانگنا بن جائیں گے"

"then you can return to live with us, under the sea"

"پھر تم سمندر کے نیچے ہمارے ساتھ رہنے کے لیے واپس آ سکتے ہو"

"and you will be given your three hundred years of a mermaid"

"اور آپ کو آپ کی تین سو سال کی متسیانگنا دی جائے گی"

"and only then will you be changed into the salty sea foam"

"اور تب ہی آپ نمکین سمندری جھاگ میں بدل جائیں گے"

"Haste, then; either he or you must die before sunrise"

"تو جلدی کرو، سورج نکلنے سے پہلے اسے یا آپ کو مر جانا چاہیے۔"

"our old grandmother mourns for you day and night"

"ہماری بوڑھی دادی دن رات آپ کے لیے ماتم کرتی ہیں"

"her white hair is falling out"

"اس کے سفید بال گر رہے ہیں"

"just as our hair fell under the witch's scissors"

"جس طرح ہمارے بال ڈائن کی قینچی کے نیچے گرے تھے"

"Kill the prince, and come back," they begged her

"شہزادے کو مار ڈالو، اور واپس آجاؤ،" انہوں نے اس سے منت کی۔

"Do you not see the first red streaks in the sky?"

"کیا تم نے آسمان پر پہلی سرخ لکیریں نہیں دیکھی؟"

"In a few minutes the sun will rise, and you will die"

"چند منٹوں میں سورج نکلے گا، اور تم مر جاؤ گے"

having done their best, her sisters sighed deeply

اپنی پوری کوشش کرنے کے بعد، اس کی بہنوں نے گہری سانس لی

mournfully her sisters sank back beneath the waves

ماتم کے ساتھ اس کی بہنیں لہروں کے نیچے ڈوب گئیں۔

and the little mermaid was left with the knife in her hands

اور چھوٹی متسیانگنا کے ہاتھ میں چھری رہ گئی تھی۔

she drew back the crimson curtain of the tent

اس نے خیمے کے سرخ رنگ کے پردے کو پیچھے ہٹا دیا۔

and in the tent she saw the beautiful bride

اور خیمے میں اس نے خوبصورت دلہن کو دیکھا

her face was resting on the prince's breast

اس کا چہرہ شہزادے کی چھاتی پر ٹکا ہوا تھا۔

and then the little mermaid looked at the sky

اور پھر چھوٹی متسیانگنا نے آسمان کی طرف دیکھا

on the horizon the rosy dawn grew brighter and brighter

افق پر گلابی صبح روشن سے روشن تر ہوتی گئی۔

She glanced at the sharp knife in her hands

اس نے ہاتھ میں پکڑے تیز چاقو کو دیکھا

and again she fixed her eyes on the prince

اور اس نے دوبارہ اپنی نظریں شہزادے پر جما لیں۔

She bent down and kissed his noble brow

اس نے جھک کر اس کی نیکی کو چوما

he whispered the name of his bride in his dreams

اس نے خوابوں میں اپنی دلہن کا نام سرگوشی کی۔

he was dreaming of the princess he had married

وہ اس شہزادی کا خواب دیکھ رہا تھا جس سے اس نے شادی کی تھی۔

the knife trembled in the hand of the little mermaid

چھوٹی متسیانگنا کے ہاتھ میں چھری کانپ گئی۔

but she flung the knife far into the sea

لیکن اس نے چاقو کو دور سمندر میں پھینک دیا۔

where the knife fell the water turned red

جہاں چاقو گرا پانی سرخ ہو گیا۔

the drops that spurted up looked like blood

جو قطرے پھوٹ رہے تھے وہ خون کی طرح لگ رہے تھے۔

She cast one last look upon the prince she loved

اس نے ایک آخری نظر اس شہزادے پر ڈالی جس سے وہ پیار کرتی تھی۔

the sun pierced the sky with its golden arrows

سورج نے اپنے سنہری تیروں سے آسمان کو چھید دیا۔

and she threw herself from the ship into the sea

اور اس نے اپنے آپ کو جہاز سے سمندر میں پھینک دیا۔

the little mermaid felt her body dissolving into foam

چھوٹی متسیانگنا نے محسوس کیا کہ اس کا جسم جھاگ میں گھل رہا ہے۔

and all that rose to the surface were bubbles of air
اور جو بھی سطح پر اُٹھے وہ ہوا کے بلبلے تھے۔
the sun's warm rays fell upon the cold foam
سورج کی گرم کرنیں ٹھنڈی جھاگ پر پڑیں۔
but she did not feel as if she were dying
لیکن اسے ایسا محسوس نہیں ہوا کہ وہ مر رہی ہے۔
in a strange way she felt the warmth of the bright sun
ایک عجیب انداز میں اس نے روشن سورج کی گرمی محسوس کی۔
she saw hundreds of beautiful transparent creatures
اس نے سینکڑوں خوبصورت شفاف مخلوق دیکھی۔
the creatures were floating all around her
مخلوق اس کے چاروں طرف تیر رہی تھی۔
through the creatures she could see the white sails of the ships
مخلوقات کے ذریعے وہ بحری جہازوں کے سفید بادبانوں کو دیکھ سکتی تھی۔
and between the sails of the ships she saw the red clouds in the sky
اور جہازوں کے بادلوں کے درمیان اس نے آسمان پر سرخ بادل دیکھے۔
Their speech was melodious and childlike
ان کی تقریر سریلی اور بچوں جیسی تھی۔
but their speech could not be heard by mortal ears
لیکن ان کی تقریر فانی کانوں سے نہیں سنی گئی۔
nor could their bodies be seen by mortal eyes
اور نہ ہی ان کے جسموں کو فانی آنکھوں سے دیکھا جا سکتا تھا۔
The little mermaid perceived that she was like them
چھوٹی متسیانگنا نے سمجھا کہ وہ ان جیسی ہے۔
and she felt that she was rising higher and higher
اور اس نے محسوس کیا کہ وہ اوپر سے اوپر اٹھ رہی ہے۔
"Where am I?" asked she, and her voice sounded ethereal
"میں کہاں ہوں؟" اس نے پوچھا، اور اس کی آواز آسمانی لگ رہی تھی۔
there is no earthly music that could imitate her
کوئی دنیاوی موسیقی نہیں ہے جو اس کی نقل کر سکے۔
"you are among the daughters of the air," answered one of them

"تم ہوا کی بیٹیوں میں سے ہو، "ان میں سے ایک نے جواب دیا۔
"A mermaid has not an immortal soul"
"ایک متسیانگنا میں لافانی روح نہیں ہوتی"
"nor can mermaids obtain immortal souls"
"اور نہ ہی متسیستری لافانی روحیں حاصل کر سکتی ہیں"
"unless she wins the love of a human being"
"جب تک وہ کسی انسان کی محبت نہیں جیت لیتی"
"on the will of another hangs her eternal destiny"
"دوسرے کی مرضی پر اس کی ابدی تقدیر لٹکتی ہے"
"like you, we do not have immortal souls either"
"آپ کی طرح، ہمارے پاس بھی لافانی روحیں نہیں ہیں"
"but we can obtain an immortal soul by our deeds"
"لیکن ہم اپنے اعمال سے ایک لافانی روح حاصل کر سکتے ہیں"
"We fly to warm countries and cool the sultry air"
"ہم گرم ممالک کی طرف پرواز کرتے ہیں اور امس بھری ہوا کو ٹھنڈا کرتے ہیں"
"the heat that destroys mankind with pestilence"
"گرمی جو انسانوں کو وبا سے تباہ کر دیتی ہے"
"We carry the perfume of the flowers"
"ہم پھولوں کی خوشبو لے جاتے ہیں"
"and we spread health and restoration"
"اور ہم صحت اور بحالی پھیلاتے ہیں"

"for three hundred years we travel the world like this"
"تین سو سال تک ہم اس طرح دنیا کا سفر کرتے ہیں"
"in that time we strive to do all the good in our power"
"اس وقت ہم اپنی طاقت میں تمام بھلائیاں کرنے کی کوشش کرتے ہیں"
"if we succeed we receive an immortal soul"
"اگر ہم کامیاب ہوتے ہیں تو ہمیں ایک لافانی روح ملتی ہے"
"and then we too take part in the happiness of mankind"
"اور پھر ہم بھی بنی نوع انسان کی خوشی میں حصہ لیں گے"
"You, poor little mermaid, have done your best"
"تم نے، غریب سی متسیانگنا، اپنی پوری کوشش کی ہے"
"you have tried with your whole heart to do as we are doing"
"آپ نے پورے دل سے کوشش کی ہے کہ جیسا ہم کر رہے ہیں"
"You have suffered and endured an enormous pain"

"آپ نے ایک بہت بڑا درد سہا اور برداشت کیا"
"by your good deeds you raised yourself to the spirit world"
"اپنے اچھے اعمال سے آپ نے خود کو روحانی دنیا میں اٹھایا"
"and now you will live alongside us for three hundred years"
"اور اب تم تین سو سال تک ہمارے ساتھ رہو گے"
"by striving like us, you may obtain an immortal soul"
"ہماری طرح کوشش کرنے سے، آپ کو ایک لافانی روح مل سکتی ہے"

The little mermaid lifted her glorified eyes toward the sun
چھوٹی متسیانگنا نے اپنی شاندار نظریں سورج کی طرف اٹھائی
for the first time, she felt her eyes filling with tears
پہلی بار اسے اپنی آنکھیں آنسوؤں سے بھری ہوئی محسوس ہوئیں

On the ship she had left there was life and noise
وہ جس جہاز سے نکلی تھی وہاں زندگی اور شور تھا۔
she saw the prince and his beautiful bride searching for her
اس نے شہزادے اور اس کی خوبصورت دلہن کو اسے ڈھونڈتے دیکھا
Sorrowfully, they gazed at the pearly foam
افسوس سے انہوں نے موتیوں کی جھاگ کی طرف دیکھا
it was as if they knew she had thrown herself into the waves
یہ ایسے ہی تھا جیسے وہ جانتے تھے کہ اس نے خود کو لہروں میں پھینک دیا ہے۔
Unseen, she kissed the forehead of the bride
نہ دیکھے اس نے دلہن کی پیشانی چوم لی
and then she rose with the other children of the air
اور پھر وہ ہوا کے دوسرے بچوں کے ساتھ اٹھی۔
together they went to a rosy cloud that floated above
ایک ساتھ وہ ایک گلابی بادل کے پاس گئے جو اوپر تیرتا تھا۔

"After three hundred years," one of them started explaining
"تین سو سال بعد" ان میں سے ایک نے سمجھانا شروع کیا۔
"then we shall float into the kingdom of heaven," said she
"پھر ہم آسمان کی بادشاہی میں تیریں گے، "اس نے کہا
"And we may even get there sooner," whispered a companion
"اور ہم وہاں جلد پہنچ بھی سکتے ہیں، "ایک ساتھی نے سرگوشی کی۔

"Unseen we can enter the houses where there are children"
"غیب سے ہم ان گھروں میں داخل ہو سکتے ہیں جہاں بچے ہوں"
"in some of the houses we find good children"
"کچھ گھروں میں ہمیں اچھے بچے ملتے ہیں"
"these children are the joy of their parents"
"یہ بچے اپنے والدین کی خوشی ہیں"
"and these children deserve the love of their parents"
"اور یہ بچے اپنے والدین کی محبت کے مستحق ہیں"
"such children shorten the time of our probation"
"ایسے بچے ہمارے امتحان کا وقت کم کرتے ہیں"
"The child does not know when we fly through the room"
"بچے کو پتہ ہی نہیں چلتا کہ ہم کب کمرے سے اڑتے ہیں"
"and they don't know that we smile with joy at their good conduct"
"اور وہ نہیں جانتے کہ ہم ان کے حسن سلوک پر خوشی سے مسکراتے ہیں"
"because then our judgement comes one day sooner"
"کیونکہ پھر ہمارا فیصلہ ایک دن جلد آتا ہے"
"But we see naughty and wicked children too"
"لیکن ہم شرارتی اور شریر بچے بھی دیکھتے ہیں"
"when we see such children we shed tears of sorrow"
"ایسے بچوں کو دیکھ کر ہم غم کے آنسو بہاتے ہیں"
"and for every tear we shed a day is added to our time"
"اور ہر آنسو کے بدلے میں ایک دن ہمارے وقت میں شامل ہو جاتا ہے"

www.ingramcontent.com/pod-product-compliance
Lightning Source LLC
Chambersburg PA
CBHW012008090526
44590CB00026B/3929
* 9 7 8 1 8 3 5 6 6 9 5 6 3 *